河南省教育科学规划重大招标课题（2016-JKGHZDZB-11）
河南省高等学校哲学社会科学创新团队支持计划（2018-CXTD-04）

当代大学生就业心理研究

以河南省为例

何安明　惠秋平　卢铭哲　姚予丹　薛　雯◎著

THE STUDY ON EMPLOYMENT PSYCHOLOGY OF CONTEMPORARY COLLEGE STUDENTS

A Case Study of Henan Province

科学出版社
北京

内 容 简 介

本书就河南省大学生就业心理研究相当薄弱的现实情况开展了针对性的专题研究。本书在理论上可以丰富大学生就业研究领域的理论成果；在实践上有助于河南省高校、行政部门和大学生自身增进对大学生就业问题的认识，为行政部门制定科学、合理的就业政策法规提供依据和参考。

在本书中，量化与质性研究有机结合，横向与纵向双向并举，宏观与微观协调统一。本书比较深入、系统地探索了河南省大学生就业的心理状况、特点及其与相关因素的相互关系和作用机制；在此基础上，提出了解决河南省大学生就业问题的思路，尤其是针对大学生就业心理问题提出了富有针对性和可操作性的建议与对策。

本书对心理学、教育学、管理学领域的研究者、实际工作者和大学生具有现实意义上的参考价值。

图书在版编目（CIP）数据

当代大学生就业心理研究：以河南省为例 / 何安明等著．—北京：科学出版社，2018.12

ISBN 978-7-03-059878-3

Ⅰ.①当…　Ⅱ.①何…　Ⅲ.①大学生－就业－心理辅导－研究　Ⅳ.①G647.38

中国版本图书馆CIP数据核字（2018）第271597号

责任编辑：崔文燕 / 责任校对：何艳萍

责任印制：徐晓晨 / 封面设计：润一文化

编辑部电话：010-64033934

E-mail：edu_psy@mail.sciencep.com

科学出版社 出版

北京东黄城根北街16号

邮政编码：100717

http：//www.sciencep.com

北京建宏印刷有限公司印刷

科学出版社发行　各地新华书店经销

*

2018年12月第　一　版　开本：720×1000　B5

2018年12月第一次印刷　印张：14 1/4

字数：270 000

定价：89.00元

（如有印装质量问题，我社负责调换）

前　言

大学生就业一直是国家、社会和家庭关注的热点问题。河南省是人口大省，高校众多且以地方性高校为主。河南省大学生人数众多，高校应届毕业生逐年增加，使得其就业形势越来越严峻，大学生的就业问题也更加受到社会的广泛关注。

纵观以往关于大学生就业问题的研究不难发现，研究对象主要是泛化、笼统的大学生，专门针对河南省大学生群体就业情况的研究极少；在研究视角和方法上，往往局限于某一学科的单一视角和单一方法，缺乏多学科视角和多种方法的综合运用；在研究内容上，关于大学生就业心理问题的研究文献甚少，尤其缺乏系统性的研究成果，存在质与量两方面的不足。因此，立足河南省的具体情况，开展河南省大学生就业心理问题的专题研究，在理论层面上可以丰富大学生就业研究领域的理论成果，弥补河南省大学生就业心理研究的不足，同时也为从事该方面研究工作的机构、部门和研究者提供有益的启示和借鉴；在实践层面上有助于河南省大学生自身、高校和行政部门（尤其是教育行政部门）了解大学生就业的现实状况，知晓就业形势的影响和制约因素；有助于大学生提高职业生涯规划能力和可就业能力等相关素质，减小就业压力；有助于高校开展针对性的就业培训和指导，并为行政部门制定科学合理的就业政策法规提供科学的依据和参考。

本书基于心理学、教育学、社会学等多学科交叉融合的研究视角，从河南省的具体情况出发，立足河南省就业心理研究相当薄弱的现状，围绕“当代大学生就业心理——以河南省为例”这一研究主题，量化与质性研究有机地结合、横向与纵向双向并举、宏观与微观协调统一，比较深入系统地探索了河南省大学生就业心理的状况、特点及其与相关因素之间的关系和作用机制。具体来说，本书运用文献分析、元分析等方法，检索和整理文献资料，明晰已有相关研究的进展和缺憾，概括介绍大学生就业的主要理论和观点，明确本书研究的基本目标、内容、重点和难点；采用随机整群抽样法选取部分河南省高校的大学生作为研究对象，使用问卷和量表进行大范围施测并收集数据，同时选取典型高校进行个别走访和深度观察。在此量化研究的过程中，就如何有机地融入质性研究，深入调查与分析河南省大学生就业情况的方方面面，剖析造成这种现状和问题的各种原因；把归纳比较法等质性研究方法和统计建模法、教育实验法（团体心理辅导）等手段有机结合，就如何解决河南省大学生所面临的就业和就业心理问题，提出有针对性和可操作性的建议与对策。

具体来说，本书包括关于河南省大学生就业的九方面内容：①大学生社会支持、心理资本和可就业能力的状况；②大学生社会支持、心理资本和可就业能力之间的关系及作用机制；③大学生可就业能力与就业结果之间的关系；④大学生生活事件、心理健康、就业压力和心理弹性的状况；⑤大学毕业生经历的生活事件对就业压力的影响；⑥大学毕业生的就业压力对心理健康的影响；⑦大学生职业生涯规划能力、职业成熟度和就业压力的状况；⑧大学生学业成绩、人际关系困扰、一般自我效能感、地区发展状况与学校类别对求职行为的影响；⑨大学生职业生涯规划能力辅导及就业心理问题的解决对策。

本书围绕河南省大学生就业心理的现状、特点、影响因素以及就业心理与求职行为和就业结果之间的关系、就业的对策与建议等问题逐步展开讨论，经过研究得出如下结论：

（1）河南省大学生的社会支持、心理资本、可就业能力、求职行为状况总体处于中等偏上水平，应届毕业生总体自我效能感水平较高，存在着轻微的人际关系困扰；毕业生职业生涯规划能力、职业成熟度和就业压力三者总体上来说均处于中等水平。毕业生的就业压力主要来源于六个方面，由高到低依次为：缺少求职帮助、专业供求矛盾、职业素质评价、就业竞争环境、自我认识与定位偏差、就业心理预期高。

（2）河南省大学生的可就业能力在性别上差异不显著，在学生类型、家庭人均月收入、专业与兴趣一致性上存在显著差异；社会支持在性别、家庭人均月收入、政治面貌、专业与兴趣一致性上差异不显著，在学生类型上存在显著差异；心理资本在性别、家庭人均月收入上差异不显著，在学生类型、专业与兴趣一致性上存在显著差异；性别、生源地、专业、学校类型、有无兼职、家庭经济水平、专业满意度等对毕业生就业压力的影响均达到了显著水平，生源地、专业、有无兼职、专业满意度等对毕业生心理弹性的影响均达到了显著水平，而性别、学校类型、家庭经济状况对心理弹性的影响未达到显著水平；家庭经济状况对毕业生心理健康水平的影响达到了显著水平；大学生职业生涯规划能力在其母亲的文化程度上和有无兼职上有显著差异；职业成熟度在大学生专业上有显著差异；应届毕业生的一般自我效能感在性别、专业、是否为学生干部和社团参与上有显著差异；人际关系困扰在性别、城乡、学业成绩和社团参与度上有显著差异；求职行为在是否为学生干部上有差异显著。

（3）河南省大学生的社会支持、心理资本、可就业能力两两之间存在显著相关；社会支持、心理资本对可就业能力有显著的正向预测作用；心理资本在社会支持与可就业能力之间发挥着中介作用；河南省大学生的可就业能力与起步月薪之间、可就业能力与工作满意度总分之间、可就业能力与录用通知数之间均存在相关关系；可就业能力中的职业认同因素对录用通知数有显著预测作用；可就业能力中的人际关系、网络差异因素对起步月薪有显著预测作用；可就业能力中的问题解决、乐观开朗、网络差异因素对录用通知数有显著预测作用；生源地在河南省大学生可就业能力与录用通知数的关系中起调节作用；来自农村的大学生可就业能力对录用通知数影响显著；来自城镇的大学生可就业能力对录用通知数影响不显著；生活事件与就业压力呈显著正相关；心理健康与生活事件、就业压力呈显著正相关；心理弹性与生活事件、就业压力、心理健康呈显著负相关；生活事件和心理健康水平对就业压力有良好的正向预测作用；心理健康在生活事件与就业压力之间起部分中介作用；心理弹性在就业压力和心理健康之间起调节作用；大学生职业生涯规划能力与职业成熟度存在显著正相关；大学生职业生涯规划能力与大学生就业压力存在显著负相关；职业成熟度与就业压力存在显著负相关；职业成熟度在大学生职业生涯规划能力和就业压力之间起着完全中介作用；人际关系困扰与一般自我效能感存在显著负相关；人际关系困扰与求职行为状况存在显著负相关；一般自我效能感与求职行为状况存在显著正相关；一般自我效能感、人际关系困扰和院校类别都对求职行为有预测作用；而学业成绩和地区发展状况对求职行为的预测作用不显著；团体心理辅导（职业生涯规划培训课程）对大学生职业生涯规划能力和就业压力的干预效果显著。

目　录

第一章

大学生社会支持、心理资本和可就业能力的状况

第一节　大学生社会支持、心理资本和可就业能力的研究综述

一、概念界定

（一）可就业能力

大学生可就业能力是指大学生选择并获得就业所需要具备的能力、性格、愿望、社会资源等特征的综合，它是大学生综合素质在职业生涯上的集中体现，它为大学生的成功就业提供了可能性（于海波等，2014）。大学生可就业能力包含八个因素，分别为职业认同、人际关系、乐观开朗、问题解决、社会支持、学习能力、团队合作、网络差异。

（二）心理资本

Luthans 等（2005）将心理资本定义为，“个体在成长和发展过程中表现出来的一种积极心理状态”，它包括四个核心成分：自我效能（self-efficacy）、乐观（optimism）、韧性（resiliency）和希望（hope）。其中，自我效能是指个体有胜任任务的自信，能面对挑战并力争成功；乐观是指个体具有积极的归因方式，

并对现在和未来持积极态度；韧性是指个体能从逆境、挫折和失败中快速恢复，甚至积极地转变和成长；希望则是通过各种途径努力实现预定目标的积极动机状态。

（三）社会支持

肖水源（1987）认为社会支持分为客观支持、主观支持和对支持的利用度。客观支持指的是客观存在的支持，包括个体获得的物质、经济援助和来自人际交往圈的动能。主观支持指的是个体主观感受到的支持，强调个体内在体会到的来自社会或他人的尊重和帮助。对支持的利用度指的是个体对周边支持的利用程度，有些人在身处困境时会接受他人的帮助而有些人则会拒绝。

二、研究概述

（一）可就业能力

目前，国内外理论界对可就业能力的概念还没有形成统一的界定。Sanders 和 Grip（2004）认为，可就业能力是一种使个体能够持续对劳动力市场产生吸引力的能力和意愿。Mel 等（2003）从适应性角度出发，提出可就业能力是一种多维度的主动适应工作的能力，它使个体能识别和实现职业机会。Van der Heijde C M 和 Van der Heijden B I J M（2006）从成功求职潜力出发，认为可就业能力是成功就业所具备的胜任特征，个体通过优化和运用胜任特征不断地创造机会、实现就业。这些定义皆从可就业能力的结果出发，认为能够让人找到并维持工作的能力就是可就业能力，但对于什么是可就业能力的核心内容或核心特征，则没有涉及。而 Fugate 等（2004）在 Law 等（1998）研究的基础上，提出可就业能力是一个心理-社会结构，包括职业认同、个人适应性、人力资本和社会资本，是个人确认和获得在组织内部和外部职业机会的能力。此种定义超越了从结果定义可就业能力所带来的含混与模糊。同时它将人力资本和社会资本纳入其中，超越了传统只从心理学特性的角度来定义可就业能力所带来的局限。

于海波等（2014）在前人研究的基础上，结合我国实际，整合了可就业能力的胜任特征、个性特征和社会资本特征三个方面的内容，提出大学生可就业能力就是大学生的“就业潜质”或“就业潜能”，是大学生选择并获得就业所需要具备的能力、性格、愿望、社会资源等特征的综合，它是大学生综合素质在职业生涯上的集中体现。

综上所述，大学生的可就业能力是包含了胜任特征、个性特征和社会资本特征的一个心理-社会建构。本书采用于海波等（2014）的观点，认为大学生的可就业能力是指大学生选择并获得就业所需要具备的能力、性格、愿望、社会资源等特征的综合，集中体现了大学生职业生涯方面的综合素质。

（二）心理资本

在 20 世纪末，以美国心理学会（American Psychological Association，APA）主席 Seligman 为首的一批心理学家发起了积极心理学（positive psychology）运动，他们认为心理学应当重视积极心理品质的探索与研究。受积极心理学运动的影响和启发，以美国著名管理学家 Luthans 为首的一批组织行为学者将积极心理学的思想引入组织行为学领域，倡导积极组织行为（positive organizational behavior）的研究，希望通过测量和开发积极导向的心理特性和能力，获取持续的人力资源竞争优势。Luthans 等（2005）将心理资本明确定义为“个体在成长和发展过程中所表现出来的一种积极心理状态”，包含自我效能、乐观、韧性和希望四个核心成分。本书即采用 Luthans 等（2005）的定义。

我国学者柯江林等（2009）构建了本土化的心理资本模型——二阶双因素模型，这种模型包括事物型心理资本和人际型心理资本，每种心理资本各包含了四种核心要素。肖雯和李林英（2010）通过对大学生心理资本的研究，将大学生心理资本定义为：心理资本是大学生在人生发展的特殊阶段（大学时代）自身所具有的积极能力的总和。

（三）社会支持

House（1987）在其研究中指出，社会支持是指那些处于煎熬中的个体周围所存在的有意义的人群，比如家人、朋友和同事等对个体所起的支持作用。美国心理学家 By 等（1991）指出，社会支持指的是个体对想要得到或可以得到的外界支持的感知。By 等（1995）认为，社会支持可以表现在以下三个方面。① 行为支持：帮助日常工作，提供食物、生活用品或财政支持；② 认知支持：咨询、指导和问题的解决；③ 情感支持：倾听、关怀、同情和安慰。

除了前文所介绍的肖水源（1994）关于社会支持的界定外，李强（1998）认为，社会支持是指个体通过社会联系所接收到的可以减轻心理压力、缓解精神紧张以及提高社会适应力的影响作用。

本书采用肖水源对社会支持的定义：一个人所体验到的社会支持包括客观支持、主观支持和对支持的利用程度三个方面。

第二节　大学生社会支持、心理资本和可就业能力的现状

一、研究目的和假设

通过统计分析，本次研究将考察河南省大学生社会支持、心理资本、可就业能力的现状及发展水平。

假设 1：河南省大学生的可就业能力总体在中等偏上水平。

假设 2：河南省大学生的社会支持总体在中等偏上水平。

假设 3：河南省大学生的心理资本总体在中等偏上水平。

二、研究方法

（一）研究对象

本次研究采用分层整群取样的方法，以信阳师范学院、信阳职业技术学院、河南大学、郑州大学、黄淮学院等 5 所高校在校本科生作为研究对象，共发放问卷 780 份，其中，纸质问卷回收 395 份，网络问卷回收 315 份。问卷回收率为 91.0%，筛除不符合标准的问卷后获得有效问卷 560 份，有效率为 78.9%。被试

分布情况见表 1-1。

表 1-1 被试基本情况分布（$N=560$）

变量	类别	人数 / 人	比例 /%
性别	男生	173	30.9
	女生	387	69.1
学生类型	干部	230	41.1
	非干部	330	58.9
家庭人均月收入	1000 元以下	113	20.2
	1000 ～ 3000 元	286	51.1
	3001 ～ 5000 元	116	20.7
	5000 元以上	45	8.0
专业与兴趣一致性	一致	299	53.4
	不一致	261	46.6

（二）研究工具

本次研究采用《社会支持评定量表》、《积极心理资本问卷》、《大学生可就业能力问卷》进行调查。

1. 社会支持评定量表

本次研究采用肖水源于 1990 年修订的《社会支持评定量表》，该量表由客观支持、主观支持、对支持的利用度等 3 个维度组成，共 10 个项目。由于本次研究的被试是在校大学生，正式施测前研究者对该量表进行了修订，将原量表中的“邻居”改为“不同班级的同学”；将“同事”改为“同班同学”；将“配偶”改为“恋人”。间隔一个月后对修订后的量表进行小样本重测，重测结果显示 10 个项目的相关系数为 0.77 ～ 0.91。本次研究中该量表的 α 系数为 0.723。

2. 积极心理资本问卷

《积极心理资本问卷》是由张阔等（2010）以国内在校大学生为被试编制的，是国内大学心理资本研究最常用的工具，问卷具有良好的结构效度，内部一致性系数为 0.90。问卷包括 4 个维度：自我效能（7 个项目）、韧性（7 个项目）、希望（6 个项目）、乐观（6 个项目），共 26 个项目，各项目按照 Likert 7 级记分法记分。本次研究中该问卷的 α 系数为 0.913。

3．大学生可就业能力问卷

采用于海波等（2014）编制的《大学生可就业能力问卷》，该问卷由职业认同、人际关系、乐观开朗、问题解决、社会支持、学习能力、团队合作、网络差异等 8 个反映大学生可就业能力的维度组成，包括 36 个项目。量表采用 Likert 5 级评分法记分。本次研究中问卷的 α 系数为 0.945。

（三）研究流程及数据处理方式

使用 SPSS21.0 进行数据的录入和统计分析，运用的统计方法为描述性统计。

三、研究结果

（一）河南省大学生可就业能力总体状况

对河南省大学生可就业能力总体状况的分析发现，可就业能力总分的均值为 131.30。分维度来看，河南大学生在职业认同、人际关系、乐观开朗、问题解决、社会支持、学习能力、团队合作及网络差异各维度上得分均高于该量表的理论中值 3。由此可见，河南省大学生的可就业能力总体在中等偏上水平，其中，学习能力、团队合作和乐观开朗维度得分较高。具体情况见表 1-2。

表 1-2　河南省大学生可就业能力的总体情况

就业能力	*M*	*SD*	项目数 / 项	每题平均得分
职业认同	21.91	3.80	6	3.65
人际关系	18.21	3.21	5	3.64
乐观开朗	23.01	3.83	6	3.84
问题解决	18.05	3.40	5	3.61
社会支持	12.56	3.19	4	3.14
学习能力	15.58	2.72	4	3.90
团队合作	11.94	1.98	3	3.98
网络差异	10.04	2.37	3	3.35
可就业能力总分	131.30	17.90	36	3.65

（二）河南省大学生心理资本总体情况

从对河南省大学生心理资本总体情况的分析中可以发现，河南省大学生心理资本总分的均值为124.80，处于较高水平。在各维度上，自我效能、韧性、希望及乐观维度得分均高于量表的理论中值4，说明河南省大学生的心理资本发展水平较好，其中，得分较高的维度是希望和乐观。具体情况见表1-3。

表1-3　河南省大学生心理资本的总体情况

心理资本	*M*	*SD*	项目数/项	每题平均得分
自我效能	33.13	6.34	7	4.73
韧性	30.84	6.43	7	4.41
希望	30.65	5.93	6	5.11
乐观	30.18	5.45	6	5.03
心理资本总分	124.80	19.14	26	4.82

（三）河南省大学生社会支持总体状况

对河南省大学生社会支持总体状况的分析发现，河南省大学生的社会支持总分为38.63 ± 4.05，这比量表的编者肖水源试用《社会支持评定量表》对128名大二学生进行的测试结果（34.56 ± 3.73）更高，表明河南省大学生的社会支持总分高于大学生常模水平，河南省大学生社会支持的总体状况较好。在各维度上，河南省大学生在主观支持上的得分最高，为5.45。具体情况见表1-4。

表1-4　河南省大学生社会支持的总体情况

支持	*M*	*SD*	项目数/项	每题平均得分
客观支持	9.35	2.24	3	3.12
主观支持	21.78	3.27	4	5.45
对支持的利用度	7.50	1.45	3	2.50
社会支持总分	38.63	4.05	10	3.69

四、讨论

（一）河南省大学生可就业能力总体状况分析

河南省大学生可就业能力总分的均值为131.30，处于中等偏上水平，这一结果与师玉生等（2014）和钟江勇（2016）的研究结果一致。可就业能力是指大学生选择并获得就业所需要具备的能力、性格、愿望、社会资源等特征的综合。大学生经过了高考这样严苛的选拔进入大学校园，大学生的能力、社会资源等水平会比其他人更好一些，可就业能力水平也会较高。分维度分析的结果显示，河南省大学生可就业能力在学习能力、团队合作和乐观开朗维度上得分较高。河南大学生在团队合作上的平均得分最高，这说明他们能够相互支持，整合团队成员的才智和资源，合力完成任务。数据分析结果显示，大学生的学习能力和乐观开朗也达到了 3.8 以上。这说明顺利进入校园的大学生，都已经具备了较强的学习能力。所以，大学生的学习能力得分也会相应地处于较高水平。另外，相比于高中生活，大学生活少了升学的压力，学习氛围也相对轻松，因此，大学生在乐观开朗维度上的得分要高于平均水平。

（二）河南省大学生社会支持总体状况分析

河南省大学生社会支持总体状况的分析显示，河南省大学生的社会支持总分为 38.63 ± 4.05，这比量表的编者肖水源试用《社会支持评定量表》对 128 名大二学生进行的测试结果（34.56 ± 3.73）更高，说明河南省大学生的社会支持总体较好，高于常模水平。这一结果与许敏（2014）的研究结果一致。从分维度的结果来看，河南省大学生在主观支持上的得分最高，表明河南省大学生可以很好地体会或感受来自社会或者他人的尊重和帮助。

（三）河南省大学生心理资本总体状况分析

河南省大学生心理资本总体情况的分析显示，河南省大学生在心理资本量表上的得分为 124.80，说明其心理资本水平较高。这一结果与其他研究者（蒋苏芹，2011；赵涵，2013；周紫婷，2014；彭杰等，2014；张凡迪，2015）的研究结果一致。大学生群体表现出较高的心理资本水平有其生理和社会的基础，首先，大学生群体的年龄特征可能是影响其心理资本水平的因素之一。处于青春期末期及成年期早期的大学生体力充沛、精力旺盛，头脑灵活且接触先进的知识文化，未来的生活即将展开，但又未经历过社会的磨难，对未来往往充满了希望。其次，社会对于大学生群体予以较高的认同和期许，学校教育也大多是积极和正向的，因此，大学生所处的环境中积极正向的因素相对较多，这也是其心理资本水平较高的另一个重要因素。最后，能够升入大学的学生往往是同年龄群体中的优秀者，而已有研究表明，学生的心理资本与其学业成绩、实践能力、人际关系水平等都有显著正相关，因此，大学生心理资本总体水平略高于理论均值也较为合理（鹿丰玲，2017）。另外，本次研究采用的测量工具为自陈式问卷，被试根据自己的情况进行回答，因此，被试不可避免地会受社会期望的影响，而对自己做出更积极的评价。

五、小结

（1）河南省大学生的可就业能力总体在中等偏上水平。

（2）河南省大学生的社会支持总体在中等偏上水平。

（3）河南省大学生的心理资本总体在中等偏上水平。

第三节　大学生社会支持、心理资本和可就业能力的差异

一、研究目的和假设

本节将探讨河南省大学生可就业能力、社会支持、心理资本在个人背景变量（性别、学生类别、家庭人均月收入、专业与兴趣一致性）上的差异。

假设 1：河南省大学生可就业能力在人口学变量上存在显著差异。

假设 2：河南省大学生社会支持在人口学变量上存在显著差异。

假设 3：河南省大学生心理资本在人口学变量上存在显著差异。

二、研究方法

（一）研究对象

研究对象和研究工具与本章第二节相同。

（二）研究工具

同上。

（三）数据处理

采用 SPSS21.0 对调查数据进行录入和处理，运用的统计方法为 t 检验、方差分析。

三、研究结果

（一）河南省大学生可就业能力、社会支持、心理资本在性别上的差异

从表 1-5 可知，t 检验结果表明，可就业能力、社会支持、心理资本总分的性别差异未达到显著性水平（$p > 0.05$）。男、女大学生在可就业能力、社会支持、心理资本总分上均不存在显著差异。

表 1-5　河南省大学生可就业能力、社会支持、心理资本在性别上的差异

变量	性别	*M*	*SD*	*t*
可就业能力	男	133.33	17.69	1.79
	女	130.41	17.94	
社会支持	男	38.46	4.30	−0.67
	女	38.71	3.93	
心理资本	男	126.54	19.56	1.44
	女	124.02	18.92	

（二）河南省大学生可就业能力、社会支持、心理资本在学生类别上的差异

从表1-6可知，t 检验结果表明，可就业能力、社会支持总分、心理资本的学生类别差异均达到显著性水平（$p < 0.001$）。这说明学生是否担任过班干部对可就业能力总分、社会支持总分、心理资本总分的影响显著。

表1-6　河南省大学生可就业能力、社会支持、心理资本在学生类别上的差异

变量	类别	*M*	*SD*	*t*
可就业能力	干部	134.87	16.50	3.97***
	非干部	128.84	18.43	
社会支持	干部	39.42	3.46	3.87***
	非干部	38.09	4.33	
心理资本	干部	128.37	18.53	3.73***
	非干部	122.30	19.19	

注：* $p < 0.05$，** $p < 0.01$，*** $p < 0.001$；全书同。

（三）河南省大学生可就业能力、社会支持、心理资本在家庭人均月收入情况上的差异

以家庭人均月收入为自变量，以可就业能力、社会支持、心理资本为因变量进行单因素方差分析。研究结果（表1-7）表明：不同家庭收入水平的河南大学生的可就业能力存在显著差异（$F = 4.09$，$p < 0.01$），社会支持和心理资本在家庭人均月收入上不存在显著差异。对可就业能力总分在家庭人均月收入上的差异进行多重比较，结果显示：家庭人均月收入1000元以下、1000～3000元、3001～5000元的大学生与家庭人均月收入5000元以上组相比，可就业能力存在显著差异。家庭人均月收入5000元以上的大学生可就业能力显著高于其他组。

表1-7　河南省大学生可就业能力、社会支持、心理资本在家庭人均月收入上的差异

变量	收入/元	*M*	*SD*	*F*	事后比较
可就业能力	1000以下（A）	130.56	16.35	4.09**	A<D、B<D、C<D
	1000～3000(B)	129.81	17.18		
	3001～5000(C)	132.59	18.99		
	5000以上（D）	139.44	21.15		

续表

变量	收入 / 元	M	SD	F	事后比较
社会支持总分	1000 以下（A）	38.58	3.91	0.48	
	1000 ～ 3000(B)	38.50	4.15		
	3001 ～ 5000(C)	38.80	3.84		
	5000 以上（D）	39.20	4.30		
心理资本	1000 以下（A）	124.19	18.74	1.01	
	1000 ～ 3000(B)	124.22	19.08		
	3001 ～ 5000(C)	125.02	18.87		
	5000 以上（D）	129.42	21.05		

（四）河南省大学生可就业能力、社会支持、心理资本在专业与兴趣一致性上的差异

分析结果显示，专业与兴趣一致和专业与兴趣不一致的大学生在可就业能力总分、社会支持总分、心理资本总分上的差异均达到显著性水平（$p < 0.001$），表明专业与兴趣一致与否会显著影响大学生的可就业能力和心理资本。专业与兴趣一致与否对大学生社会支持的影响不显著（$p > 0.05$）。具体情况见表 1-8。

表 1-8 河南省大学生可就业能力、社会支持、心理资本在专业与兴趣一致性上的差异

变量	一致性	M	SD	t
可就业能力	一致	134.28	18.33	4.27***
	不一致	127.91	16.78	
社会支持	一致	38.89	4.00	1.62
	不一致	38.34	4.09	
心理资本	一致	127.86	19.57	4.11***
	不一致	121.29	18.03	

四、讨论

（一）河南省大学生可就业能力在人口学变量上的差异分析

河南省大学生可就业能力在性别、学生类型、家庭人均月收入、专业与兴趣一致性上的差异分析结果表明：

（1）河南省大学生的可就业能力性别差异不显著。这一结果与张璇（2012）

和钟江勇（2016）的研究结果一致。但在实际生活中，可能出现在找工作过程中女大学生比男大学生遇到更多困难的情况。这主要是因为某些用人单位在招聘过程中可能对女大学生存在性别歧视，而不仅仅考虑应聘者的能力。

（2）河南省大学生的可就业能力在学生类型上差异显著，这与已有研究发现的学生干部经历有利于提高其可就业能力的研究结果一致（励骅和曹杏田，2011；曹锐，2012；钟江勇，2016）。学生干部在校期间承担更多的事务，有更多的机会接触教师、同学和社会相关人士，需要更多的团结合作和沟通，对其学习和工作有更高的要求。高校学生干部既是受教育者，又是管理者，还是高校学生自我管理体系的核心。在处理学校事务的过程中，他们需要应对各种挑战，所以有学生干部经历的学生在可就业能力上要优于其他学生。

（3）河南省大学生的可就业能力总分在家庭人均月收入的不同水平上差异显著。具体来看，家庭人均月收入 1000 元以下、1000 ～ 3000 元和 3001 ～ 5000 元的大学生的可就业能力显著低于家庭人均月收入 5000 元以上的大学生。处在不同家庭人均月收入水平的大学生在可就业能力上的差异较大，此结果与吕兆华（2012）的研究结果一致，这说明家庭经济情况是影响大学生可就业能力的重要因素。具体原因可能是低收入家庭的大学生社会接触面相对较窄，并且可能存在着一定程度上的自卑和封闭心理。因此，他们中的有些同学不太愿意与人交往，从而限制了其能力的培养。

（4）河南省大学生的可就业能力在专业与兴趣一致性上差异显著。初、中等教育阶段因为升学率的存在，一些学校只看重知识教育的结果，尽量缩减其他与考试无关的课程，造成了对学生个体兴趣爱好培养的缺失。这使得很多学生虽然考上了大学，但所选专业与自身兴趣错位的现象比比皆是。大学生对自身的兴趣不了解，不知道自己喜欢做什么，对所选择的专业也没有表现出特别的喜爱。因为对所学专业缺乏兴趣，他们可能不会积极地对待专业的选择，从而影响大学生可就业能力的发展。

（二）河南省大学生社会支持在人口学变量上的差异分析

河南省大学生社会支持在性别、学生类型、家庭人均月收入、专业与兴趣一致性上的差异分析结果表明：河南省大学生的社会支持在男生、女生之间不存在显著差异。这一结果与刘广珠（1998）采用肖水源编制的《社会支持评定量表》对青岛市577名在校大学生社会支持情况调查结果一致，与丁锦红和王净（2000）采用肖水源编制的《社会支持评定量表》对北京市545名本科生社会支持的调查结果、与周小林等（2000）采用社会支持量表和社会支持性质量表对成都市1060名在校大学生社会支持的调查结果均不一致。丁锦红等（2000）和周小林等（2000）的研究结果均表明，男生、女生的社会支持水平存在差异，女生的社会支持水平显著高于男生。出现这一问题的主要原因在于：一是不同研究使用的测量工具的不同，二是研究方法或取样的局限。

河南省大学生的社会支持在学生类别上存在显著差异。这与莫志兵和陶晶（2005）的研究结果一致。大部分学生干部大部分是大学生中的骨干和精英。在担任学生干部的过程中，大学生会更多地和学校的老师、学长和其他不同专业的学生接触、交流，这会极大地扩大他们的人际交往圈。同时，学生干部一般加入某个团体或组织后，会在这个团体或组织中生活、成长和奋斗。所以，有学生干部经历的大学生会获得来自学校老师、学长、同学更多的支持，也会获得来自其所在团体或组织的支持。这些都使得担任过学生干部的大学生的社会支持水平显著高于未担任过学生干部的大学生。

河南省大学生的社会支持总分在家庭人均月收入上不存在显著差异。这一结果与邵贵平（2006）贫困生与非贫困生在社会支持上无显著差异的结论具有一致性。究其原因，我们认为，在实际工作中，不少贫困大学生因过度自卑而形成过度自尊，如不愿意申请勤工助学岗位和接受他人的帮助等，所以其取得的社会支持的主动性就很低，这就大大减弱了社会支持对个体的积极作用以及个体对社会支持的有效利用。

河南省大学生的社会支持在专业与兴趣一致性上的无差异，说明专业与兴趣一致与否对大学生社会支持的影响不显著。社会支持来自于他人的一般性或特定的支持性行为，因此，社会支持并不会受到大学生专业与兴趣一致性的影响。

（三）河南省大学生心理资本在人口学变量上的差异分析

河南省大学生心理资本在性别、学生类型、家庭人均月收入、专业与兴趣一致性上的差异分析结果表明：河南省大学生的心理资本在男女生之间不存在显著差异（$p > 0.05$）。该结果与一些学者（蒋苏芹，2011；曹杏田，励骅，2011；肖雯和李林英，2010；赵涵 2013；付敏，2015）的研究结果一致。大学生心理资本总体上不存在性别差异是由于当代社会男性和女性拥有平等的地位，接受相同的教育，并且可以在各个领域公平地竞争与合作。因此，男性、女性在心理资本方面总体上相当。

河南省大学生的心理资本在学生类别上存在显著差异。担任过学生干部的大学生心理资本总分显著高于没有学生干部经历的大学生，这与一些学者（蒋苏芹，2011；励骅和曹杏田，2011；周利霞，2012）的研究结果一致。学生干部经历会提升大学生的自我效能感，会让大学生对于自己有更全面的认识，会提升大学生的综合素质。学生干部一般是通过竞选产生，能通过竞选胜出本身就说明这些大学生在某些方面要更为突出才行，而竞选成功也会给他们带来自我效能。由于有了干部工作的经历，大学生的组织能力、领导能力会得到锻炼，其综合素质会有一定的提高。加上现在很多用人单位在招聘时会优先选择担任过学生干部的大学生，这些都会让担任过学生干部的大学生对未来充满希望。这些都是积极心理资本中的重要因子，因此，担任过学生干部的大学生的心理资本得分显著高于普通学生。河南省大学生的心理资本总分在家庭人均月收入上不存在显著差异。究其原因，我们认为贫困大学生并不会因为自己经济上的困难而产生“心理贫困”。因此，家庭人均月收入并不会对大学生的心理资本水平产生显著影响。河南省大学生的心理资本在专业与兴趣一致性上存在显著差异，专业与兴趣是否一致会显著影响大学生的心理资本水平。专业与兴趣一致的大学生热爱自己的专业，对自己所学专业有着浓厚的兴趣，会投入更多的精力在自己的专业学习上，也会更容易获得学业上的成功。已有研究表明，大学生的学业成绩与积极心理资本之间存在显著的正相关，因此，专业与兴趣一致的大学生的心理资本水平会显著高于专业与兴趣不一致的大学生。

五、小结

（1）河南省大学生可就业能力在性别上差异不显著，在学生类型、家庭人均月收入、专业与兴趣一致性上存在显著差异。

（2）河南省大学生社会支持在性别、家庭人均月收入、专业与兴趣一致性上差异不显著，在学生类型上存在显著差异。

（3）河南省大学生心理资本在性别、家庭人均月收入上差异不显著，在学生类型、专业与兴趣一致性上存在显著差异。

第二章

大学生社会支持、心理资本和可就业能力之间的关系及作用机制

第一节 大学生社会支持、心理资本和可就业能力之间关系的研究综述

一、社会支持与可就业能力的关系

目前，国内外对大学生社会支持与可就业能力关系的研究多集中在社会支持与大学生的职业认同、职业决策困难关系等方面。Nota 等（2007）发现，家庭成员之间的关系互动和鼓励可以显著降低职业未决的社会支持与职业决策困难，呈显著负相关。徐辰（2012）研究发现，大学生的社会支持可以预测大学生的职业决策困难，大学生社会支持可以影响大学生职业决策困难，心理资本在社会支持和职业决策困难之间起到部分中介作用。

简言之，已有研究表明，大学生的社会支持对大学生的职业认同、职业规划态度以及职业决策困难会产生影响。但是，对于大学生的社会支持与可就业能力之间存在什么样的关系，目前相关的研究还比较匮乏。基于以上分析，探讨河南省大学生的社会支持与可就业能力之间的关系，对于大学生的可就业能力影响因素的研究具有重要的补充意义。

二、心理资本与可就业能力的关系

国外关于心理资本与可就业能力的研究多集中在心理资本与工作绩效（Luthans & Avolio，2005）、企业家领导力（Jensen & Luthans，2006）、员工工作满意度（Larson & Luthans，2006；Luthans & Youseef，2007）、员工幸福感（Avey et al.，2010）等方面。

国内关于心理资本与可就业能力的研究虽然近些年才开始兴起，但是已经积累了大量的实证研究。高燕等（2009）通过对女大学生心理资本和就业形势的研究提出：大学生的心理资本在其就业和创业的竞争中的作用不容忽视，并直接关系到其就业和创业能力。郑伟芹（2010）通过对心理素质的内涵分析，阐述了心理素质在提升大学生可就业能力中的重要作用。励骅和曹杏田（2011）通过采用心理资本量表和可就业能力自评量表对 7 所本科院校 2500 名大学生心理资本与可就业能力关系的实证研究发现，心理资本对可就业能力起很好的正向预测作用，这表示心理资本对可就业能力的提升具有重要意义。林萍等（2011）指出，大学生可就业能力与其心理资本密切相关。吴旻（2015）研究发现：积极心理资本总分与可就业能力各维度间均显著相关。

简言之，大学生的心理资本与可就业能力之间存在密切的关系，而且此方面的研究也受到越来越多学者的关注和支持。但是，针对河南省大学生的相关研究目前还比较匮乏。因此，探讨河南省大学生的心理资本与可就业能力之间的关系，对于提升河南省大学生的可就业能力水平具有重要的指导意义。

三、社会支持与心理资本的关系

心理资本是积极心理学中较新的概念，目前国外关于心理资本的研究多以企业员工为对象，研究内容多集中在心理资本与工作绩效、企业家领导力、员工工作满意度、员工幸福感等的关系方面。

国内把心理资本作为一个整体与社会支持的关系进行研究相对较少，关于社会支持与心理资本各个因子之间关系的研究较多。张绍刚和厉飞飞（2008）以 330 名大学毕业生为研究对象，发现大学毕业生的自我效能感与社会支持总分及各维度间存在显著的正相关。刘瑜（2009）的研究表明：大学生乐观水平与社会支持总分及其各维度呈显著正相关。梁世钟和马蓉仙（2011）研究发现：大学生自我效能感与社会支持总分、主观支持、客观支持存在显著正相关。余欣欣和郑雪(2011）采用问卷调查法对国内 14 所高校的 1253 名大学进行研究，结果表明：大学生的乐观与社会支持呈显著的正相关。何露和朱翠英（2012）的研究发现：大学生希望水平与社会支持三维度存在显著正相关，主观支持对大学生希望水平有显著的正向预测作用。陈滢伊（2012）的研究表明：坚韧人格与感知社会支持呈正相关，坚韧人格对感知社会支持具有直接预测作用。国内把心理资本作为一个整体与社会支持的关系研究主要有：陈学军（2010）研究发现，学校支持与心理资本存在显著的正相关；徐辰（2012）的研究发现，大学生社会支持与心理资本呈显著正相关。

第二节　大学生社会支持、心理资本和可就业能力之间的关系及作用机制

一、研究目的和假设

现有关于大学生社会支持、心理资本和可就业能力的实证研究仅是针对单一变量的现状调查，或者局限于其中某两个变量间直接关系的分析讨论，缺乏对三者之间复杂关系和作用机制的进一步揭示，针对河南省大学生的相关研究更是寥寥无几。已有研究表明，大学生社会支持与可就业能力、大学生心理资本与可就业能力、大学生社会支持与心理资本之间存在相关关系。大学生的社会支持、心理资本均会对大学生的可就业能力产生影响。但是，社会支持、心理资本中哪些维度对大学生可就业能力影响最强，以及社会支持、心理资本、可就业能力三者之间的内在作用机制如何均尚未揭晓，因此，有必要把三者联合起来进行研究。本次研究围绕大学生可就业能力这一核心要素，以大学生的社会支持、心理资本为切入点，试图通过引入中介效应的概念来更清晰地考察社会支持、心理资

本与可就业能力之间的关系，以及心理资本是否在社会支持对可就业能力的影响中发挥中介作用。本次研究的研究假设如下：

假设 1：河南省大学生的社会支持、心理资本、可就业能力两两之间存在显著相关。

假设 2：河南省大学生的社会支持、心理资本对可就业能力有显著的正向预测作用。

假设 3：河南省大学生的心理资本在社会支持与可就业能力之间发挥着中介作用。

二、研究方法

（一）研究对象

同上节。

（二）研究工具

同上节。

（三）数据处理

采用 SPSS21.0 对调查数据进行录入和处理，运用的统计方法为相关分析和回归分析。

三、研究结果

（一）河南省大学生社会支持、心理资本、可就业能力之间的相关性

从表 2-1 可知，河南省大学生社会支持、心理资本、可就业能力的两两相关均显著（$p < 0.05$）。

表 2-1　河南省大学生社会支持、心理资本、可就业能力的相关矩阵

变量	1	2	3
1 社会支持总分	1		
2 心理资本总分	0.293**	1	
3 可就业能力总分	0.298**	0.723**	1

（二）河南省大学生可就业能力对社会支持、心理资本的回归分析

相关分析的结果表明，河南省大学生的社会支持、心理资本与可就业能力两两之间均存在显著的正相关，但是相关分析只是表明变量之间存在相关，无法揭示变量之间的因果关系。为了进一步揭示河南省大学生社会支持、心理资本与可就业能力之间的关系，本次研究采用分层回归分析法来考察河南省大学生的社会支持、心理资本对可就业能力的影响。

描述性统计分析的结果表明，河南省大学生的性别、学生类别、家庭人均月收入、专业与兴趣一致性等人口统计学变量对社会支持、心理资本、可就业能力会产生影响。因此，在进行分层回归分析时，需要对这些人口统计学变量进行控制后才能考察河南省大学生的社会支持、心理资本对可就业能力的影响。分层回归分析的步骤如下：① 将性别、学生类别、家庭人均月收入、专业与兴趣一致性等人口统计学变量作为第一层变量引入回归方程；② 将社会支持总分作为第二层变量引入回归方程；③ 将心理资本总分作为第三层变量引入回归方程，引入时均采用强迫法。通过考察 R^2 是否有显著的改变来分析引入变量的预测作用。分层回归分析结果显示，河南省大学生的社会支持和心理资本均对大学生的可就业能力有正向预测作用（$p < 0.001$）。具体情况见表 2-2。

表 2-2　河南省大学生可就业能力对社会支持、心理资本的回归分析

预测变量	可就业能力（β）	
	1	2
控制变量		
性别 [a]	−0.030	−0.022
学生类型 [b]	−0.149***	−0.036
家庭人均月收入 [c]	0.108**	0.071*
专业与兴趣一致性 [d]	−0.173***	−0.054
社会支持总分		0.088**
心理资本总分		0.677***

续表

预测变量	可就业能力（β）	
	1	2
F	10.467***	108.767***
R^2	0.070	0.541
ΔR^2	0.070***	0.402***

注：$n = 560$；a.1 = 男生，2 = 女生；b.1 = 干部，2 = 非干部；c.1 = 1000 元以下，2 = 1000 ～ 3000 元，3 = 3001 ～ 5000 元，4 = 5000 以上；d.1 = 一致，2 = 不一致。下同。

（三）心理资本在社会支持和可就业能力之间的中介效应检验

分层回归分析的结果表明，社会支持对可就业能力有显著的正向预测作用。社会支持作为影响大学生心理的外源性因子，是通过哪个内在心理变量对可就业能力产生影响的？心理资本是否是社会支持对可就业能力产生影响的中介变量？这部分研究将对心理资本在社会支持和可就业能力之间发挥的中介作用进行验证。

双变量相关分析结果表明，河南省大学生社会支持、心理资本与可就业能力三者之间均存在显著的相关关系（图 2-1），符合中介效应检验的条件。本次研究采用温忠麟等（2004）提出的中介效应检测程序，对心理资本的中介作用进行检测。X 为社会支持、M 为心理资本、Y 为可就业能力。

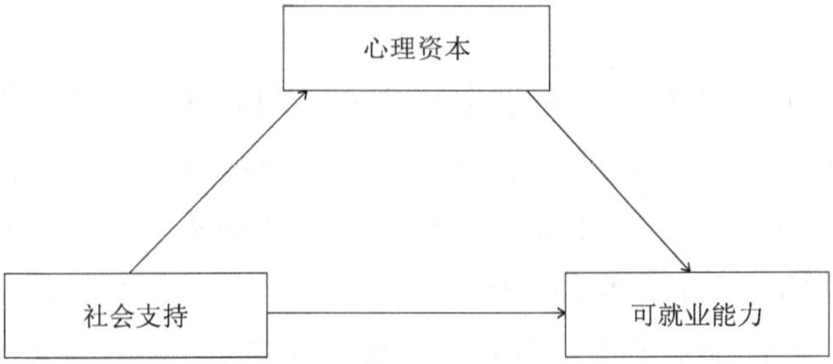

图 2-1　心理资本的中介模型

从表 2-3 可知，心理资本对可就业能力、社会支持对可就业能力的 β 系数分别为 0.696、0.094，均达到了显著水平（$p < 0.001$），所以心理资本是社会支持对可就业能力影响作用的中介变量，心理资本在社会支持对可就业能力的影响中发挥部分中介作用。社会支持对可就业能力的影响有一部分是通过心理资本实现的。

表 2-3　心理资本在社会支持和可就业能力之间的中介效应

步骤	标准化回归方程	SE	t
第一步	$Y = 0.298X$	0.040	7.372***
第二步	$M = 0.293X$	0.040	7.372***
第三步	$Y = 0.094X$	0.030	3.106***
	$0.696M$	0.030	22.923***

四、讨论

（一）河南省大学生社会支持、心理资本、可就业能力的相关分析

相关分析的结果显示：河南省大学生的社会支持、心理资本和可就业能力三个变量均存在显著相关。该研究结果与已有的研究结果具有一致性。郑伟芹（2010）和林萍等（2011）研究发现，可就业能力与其心理资本的关系密切。心理资本水平较高的大学生有更强的自信心，对于自己的未来充满希望，相信自己能成就一番事业，对于自身能力的信任和对未来的期许呈更积极态度。王蓓等（2011）的研究表明：大学生心理资本与学习成绩、实践能力、人际关系水平存在显著正相关，心理资本水平较高的大学生具有较好的学习成绩、较强的实践能力和较好的人际关系。这说明心理资本水平高的大学生有更扎实的专业基础，在毕业前会积累更多的实践经验为将来的职业生涯做准备，可就业能力得到较好的发展。

徐辰（2012）研究发现，大学生社会支持可以影响大学生职业决策困难。陈学军（2010）研究发现，大学生学校支持感与心理资本正相关显著；徐辰（2012）的研究也得出了同样的结果。Marcia 和 Josselson（2013）认为，我们需要他人，他人也需要我们，和他人的紧密联结能帮助大学生应对生活和学习中的各种压力。社会支持满足了大学生的归属与爱的需要，心理资本中的希望和乐观属于个体自我实现的需要，自我效能感属于尊重的需要，总体上来说，心理资本是较高层次的需要。根据马斯洛的需要层次理论，某一层次的需要相对满足之后，个体就会追求更高层次的需要。社会支持水平较高的大学生能更好地追求希望、乐观等高层次的需要。

总之，本次研究证实了社会支持、心理资本、可就业能力三者之间存在着

两两相关的关系，这为我们接下来探讨社会支持、心理资本对可就业能力的预测作用以及社会支持、心理资本、可就业能力之间的相互作用机制奠定了基础并提供了前提。

（二）河南省大学生社会支持、心理资本对可就业能力的影响分析

河南省大学生可就业能力在社会支持、心理资本总分上的回归分析结果表明，在控制了人口统计学变量的基础上，河南省大学生的社会支持、心理资本均对可就业能力有正向预测作用，这一结果与已有研究结果具有一致性。在已有的关于心理资本与可就业能力的研究中，高燕等（2009）的研究表明，心理资本在大学生就业、创业中作用巨大，与就业、创业能力直接相关。郑伟芹（2010）认为，心理素质在提升大学生可就业能力中起着重要的作用。励骅和曹杏田（2011）研究发现，心理资本对可就业能力能起到很好的正向预测作用。已有的关于大学生社会支持与可就业能力关系的研究相对较少，但徐辰（2012）研究发现，大学生社会支持可以预测大学生的职业决策困难。一个人获得的社会支持越多，其所获得的资源、帮助等也就越多，在社会的支持和帮助下就能让自己更好地成长，从而使相关的能力得到发展，提升自己的可就业能力。所以大学生获得的社会支持越多，可就业能力也就越强。

此外，根据资源保存理论（Hobfoll et al.，2003），人们总是在积极努力地维持、保护和构建他们所认为的宝贵资源，拥有较多资源的个体不易受到资源损失的影响，且更有能力获取资源。社会支持作为对个体有价值的资源，心理资本作为心理资源的资本化形式，可就业能力即可作为个体取得和维持就业可能性所需要的个人资源。因大学生社会支持与心理资本对可就业能力均有显著的正向预测作用，所以持有较多社会支持资源和心理资本资源的大学生，也会具有更多的可就业能力资源。

（三）河南省大学生心理资本在社会支持对可就业能力影响中的中介作用分析

河南省大学生心理资本在社会支持对可就业能力影响中的中介作用分析结果表明，心理资本对可就业能力、社会支持对可就业能力的回归系数 β 均达到了显

著性水平，因此，心理资本在大学生社会支持与可就业能力的关系中扮演着中介角色，发挥着部分中介的作用。此研究结果证实了本次研究的假设：大学生的社会支持对可就业能力有直接的预测作用，社会支持对可就业能力的影响作用有一部分是通过心理资本对可就业能力的影响发挥作用。社会支持作为影响大学生心理的外源性因子，通过心理资本这个内在心理变量对可就业能力产生影响。

徐辰（2012）发现大学生社会支持可以预测、影响其职业决策困难，心理资本在这一过程中发挥了部分中介作用。心理资本的状态与性质使得它会受到社会支持的影响。社会支持能提高个体的心理健康水平，也能使个体产生积极的情绪体验。作为影响个体心理的外源性因子，社会支持水平较高的大学生，获得和感受到的社会支持较多，他们对于社会支持的利用度也较高，这使得他们的心理资本水平也较高。心理资本反映的是个体积极的心理能力，心理资本水平较高的大学生会更早地进行职业生涯规划，并相信自己能实现该规划。当规划实现遇阻时，他们会通过改变实现规划的方法或途径来应对，这使得他们具有较高水平的可就业能力。

个体的心理因素和环境因素都会对可就业能力产生影响，大学生要成功实现就业，不仅需要对自身有清晰的认识，还需要具有较高水平的心理资本，而社会的支持和关心也会影响大学生就业的顺利程度。本次研究的结果对于高校开展大学生职业发展与就业指导教育有很好的启发意义，因为大学生社会支持与心理资本对可就业能力有显著的预测作用。这提示我们，在提高大学生可就业能力水平时，可以从提升大学生的社会支持水平和开发大学生的心理资本入手。

五、小结

（1）河南省大学生的社会支持、心理资本、可就业能力两两之间均存在显著相关。

（2）河南省大学生的社会支持、心理资本对可就业能力有显著的正向预测作用。

（3）河南省大学生的心理资本在社会支持与可就业能力之间发挥着中介作用。

第三章

大学生可就业能力与就业结果的关系

第一节　大学生可就业能力与就业结果关系综述

一、国内外关于可就业能力与就业结果的关系研究

（一）就业结果的衡量指标

对于就业结果的界定，许多研究将是否就业作为衡量指标。然而，若以这种二分法来衡量就业的理想程度似乎过于笼统，缺乏区分度。为了更细致地区分出大学生就业理想程度的差异，本次研究将录用通知数量作为就业结果的衡量指标。此外，有研究将薪酬水平（Bian，1997）、对工作的满意度（Jokisaari & Nurmi，2005）作为衡量就业结果的指标。鉴于此，本次研究也将大学生入职后的起步工资和其对工作的满意度作为衡量就业结果的指标。

（二）国内外关于可就业能力与就业结果的关系研究

文献中关于可就业能力与就业结果的关系主要有以下结果：Fugate 等（2004）认为可就业能力高的个体更容易识别并获得高质量的就业机会，有研究也发现可就业能力与再就业、就业绩效有显著正相关（McArdle et al.，2007；于海波等，2010）。从已有研究我们可以看出，关于可就业能力与就业结果的研究多集中在

可就业能力对识别就业机会及对就业绩效的影响上。基于以往研究，我们在更细致地区分大学生就业程度差异的基础上，将录用通知数量作为就业结果的衡量指标。此外，另有研究将薪酬高低作为评价工作满意度的指标（Bian，1997）。鉴于此，本次研究将就业后的起步工资和工作满意度作为就业状况的评价指标。本次研究为了充分说明大学生的可就业能力对就业结果的影响，结合已有的研究考察大学生的可就业能力对录用通知数、薪酬水平、工作满意度等就业结果指标的影响。

二、生源地在可就业能力与就业结果关系中的作用

根据社会认同理论（Brewer，2009）及身份标记（identity badge）观点（Ashforth & Kreiner，1999；Grant，et al.，2013）可就业能力与就业结果之间的关系可能会因为生源地的不同而发生改变。从社会认同理论来看（Brewer，2009），由于绝大多数大学毕业生都计划在城市中求职，来自农村的大学生会感受到较大的城乡差异，这会给他们带来社会认同方面的焦虑。对于来自城市的大学生，来自这方面的焦虑不多，因为他们更为熟悉城市的生活模式。因此，来自城市的大学生可能会更自信地面对求职，可能就会有更好的就业结果。从身份标记观点来看（Ashforth & Kreiner，1999；Grant et al.，2013），生源地有自我表达（self-express）的功能（Brewer，2009），是大学生建构自我概念的出发点，也是大学生自我定位的基础（Grant et al，2014）。因此，大学生会把生源地作为调动自身注意力的一个重要手段，使自己的注意力放在某些个人优点上，这为不同生源地的大学生带来不同的心理激励（Baron & Bielby，1986）。具体来讲，来自农村的大学生会因对城市工作和生活的陌生而非常重视各种就业机会，尝试不同层次的就业招聘，通过展现自己的综合素质被用人单位认可取得就业。与之不同，来自城市的大学生因在自己熟悉的城市中求职，不太重视各种不同层次的就业机会，只是侧重于自身感兴趣、较高层次的就业机会进行尝试。由此，本次研究将生源地作为调节变量，考察生源地在可就业能力对就业结果的影响中发挥的作用。

第二节　大学生可就业能力与就业结果的关系

一、研究目的与假设

该部分研究通过总结前人研究的贡献与不足，主要考察河南省大学生可就业能力与就业结果之间的关系，以及结合社会认同理论和身份标记观点考察生源地在可就业能力与就业结果关系中是否发挥了调节作用。具体的研究假设如下：

假设 1：河南省大学生的可就业能力对就业结果有显著的正向预测作用；

假设 2：生源地在河南省大学生可就业能力对就业结果的影响中起调节作用。

二、研究方法

（一）研究对象

在前面关系研究的基础上，依据方便取样的原则，在第一次施测后间隔六个月，选取 250 名被试追踪调查他们的工作满意度，回收问卷 237 份，有效问卷 195 份。回收率 94.8%，有效问卷 82.3%。第一次施测时间在 2016 年 5 月，第二次施测时间在 2016 年 11 月。

（二）研究工具

本次研究采用《大学生可就业能力问卷》、《明尼苏达满意度问卷》进行问卷调查。第一次施测统计人口学变量、可就业能力以及就业结果指标中的录用通知数和起步月薪；第二次施测追踪调查被试入职六个月后的工作满意度。

1．大学生可就业能力问卷

本次研究采用《大学生可就业能力问卷》。

2．明尼苏达满意度问卷

采用由 Weiss 等编制的《明尼苏达满意度问卷》短式量表。项目采用 Likert 5 级评分法计分，包括 20 个题目，可测量工作者的内在满意度、外在满意度及一般满意度。量表的 α 系数为 0.85 ～ 0.91。在本测验中量表的 α 系数为 0.937。

（三）数据处理

运用 SPSS21.0 进行可就业能力与就业结果各变量的描述性统计，以及可就业能力与就业结果各变量之间的相关分析。

为了更深入地探索可就业能力和就业结果之间的关系，以生源地为控制变量，以可就业能力为自变量，采用线性回归法进行分析。

三、研究结果

（一）河南省大学生可就业能力与就业结果的相关性

从表 3-1 可知，河南省大学生的可就业能力与起步月薪相关显著（$p < 0.05$），与工作满意度总分相关显著（$p < 0.001$），与录用通知数之间的边缘显著相关（$p = 0.073 < 0.1$）。

表 3-1　河南省大学生可就业能力与就业结果的相关矩阵

项目	1	2	3	4	5	6
1 录用通知数	1					
2 起步月薪	0.120**	1				
3 可就业能力	0.076	0.179***	1			
4 内部满意度	0.236***	0.209**	0.587***	1		
5 外部满意度	0.100	0.150*	0.435***	0.762***	1	
6 工作满意度总分	0.192**	0.196**	0.558***	0.960***	0.913***	1

（二）河南省大学生就业结果对可就业能力各因素的回归分析

1．河南省大学生录用通知数对可就业能力各因素的回归分析

从表 3-2 可知，在控制了性别、学生类别、家庭人均月收入、专业与兴趣一

致性等人口学变量后，可就业能力中的职业认同因素对录用通知数的预测作用最强且达到显著水平（$p<0.05$）。

表 3-2　河南省大学生录用通知数对可就业能力各因素的回归

预测变量	录用通知数（β）	
	步骤 1	步骤 2
控制变量		
性别[a]	0.000	0.001
学生类型[b]	−0.035	−0.014
家庭人均月收入[c]	0.094*	0.084
专业与兴趣一致性[d]	0.010	0.031
可就业能力各维度		
职业认同		0.159**
人际关系		−0.030
乐观开朗		−0.087
问题解决		0.086
社会支持		−0.071
学习能力		0.055
团队合作		−0.079
网络差异		0.045
F	1.469	2.084*
R^2	0.010	0.044
ΔR^2	0.010	0.033*

2. 河南省大学生起步月薪对可就业能力各因素的回归

从表 3-3 可知，在控制了性别、学生类别、家庭人均月收入、专业与兴趣一致性等人口学变量后，可就业能力中的人际关系、网络差异因素对起步月薪的预测作用达到了显著水平（$p<0.05$）。

表 3-3　河南省大学生起步月薪对可就业能力各因素的回归

预测变量	起步月薪（β）	
	步骤 1	步骤 2
控制变量		
性别[a]	−0.153***	−0.161***
学生类型[b]	−0.140**	−0.129**
家庭人均月收入[c]	0.199***	0.170***
专业与兴趣一致性[d]	0.054	0.083*

续表

预测变量	起步月薪（β）	
	步骤 1	步骤 2
可就业能力各维度		
职业认同		0.070
人际关系		−0.152*
乐观开朗		0.036
问题解决		0.067
社会支持		0.057
学习能力		0.040
团队合作		0.012
网络差异		0.093*
F	15.136***	7.095***
R^2	0.098	0.135
ΔR^2	0.098***	0.036**

3. 河南省大学生工作满意度对可就业能力各因素的回归

从表 3-4 可知，在控制了性别、学生类别、家庭人均月收入、专业与兴趣一致性等人口学变量后，可就业能力中的问题解决因素对录用通知数的预测作用最强（$p < 0.001$），其次是乐观开朗（$p < 0.01$），最后是网络差异（$p < 0.05$）。

表 3-4 河南省大学生工作满意度对可就业能力各因素的回归

预测变量	工作满意度（β）	
	步骤 1	步骤 2
控制变量		
性别[a]	−0.088	−0.048
学生类型[b]	−0.066	−0.038
家庭人均月收入[c]	0.153*	0.084
专业与兴趣一致性[d]	−0.139	−0.054
可就业能力各维度		
职业认同		−0.022
人际关系		−0.019
乐观开朗		0.239**
问题解决		0.282***
社会支持		0.085
学习能力		−0.011
团队合作		0.074

续表

预测变量	工作满意度（β）	
	步骤 1	步骤 2
网络差异		0.139*
F	3.185*	8.464***
R^2	0.063	0.358
ΔR^2	0.063*	0.295***

（三）可就业能力与就业结果——生源地的调节作用

可就业能力与录用通知的相关系数为0.076，达到边缘显著($p = 0.073 < 0.1$)。根据社会认同理论（Brewer，2009）及身份标记观点（Ashforth & Kreiner，1999；Grant，Berg，& Cable，2013），可就业能力与就业结果之间的关系可能会因为生源地的不同而发生改变。生源地可能会对大学生求职的自信心、对就业机会的把握等产生影响。因此，我们可以认为，生源地会对大学生就业结果指标中的录用通知数产生影响。因此，本次研究将生源地作为调节变量，考察生源地在可就业能力对就业结果影响中发挥的作用。

生源地是分类变量（农村、城镇），检验调节效应时，按照调节变量做分组回归，得到两个回归方程的两组回归系数。回归分析结果显示，来自农村的大学生可就业能力对录用通知个数影响边缘显著（$F = 3.042$，$p = 0.082 < 0.1$），来自城镇的大学生可就业能力对录用通知的个数影响不显著。生源地在可就业能力与录用通知数之间的调节效应显著。具体情况见表 3-5。

表 3-5　可就业能力与就业结果——生源地的调节作用

生源地	β	R^2	F
城镇	0.053	0.003	0.346
农村	0.084	0.007	3.042

四、讨论

（一）河南省大学生可就业能力与就业结果的相关分析

相关分析结果表明，河南省大学生的可就业能力与起步月薪、工作满意度总分之间相关显著，与录用通知数之间达到边缘显著，说明河南省大学生的可就业能力与就业结果之间存在显著的相关关系。这一研究结果与已有研究具有一致性。Fugate 等（2004）认为可就业能力高的个体更容易识别并获得高质量的就业机会。李国祥等（2013）的实证研究表明可就业能力能够促进员工工作绩效的提升。施谊娅（2006）研究发现，知识型员工的就业力对其在当前组织内的工作角色和职业角色绩效均有显著影响。伍满桂等（2007）的实证研究表明，个体的听说读写能力、时间与金钱管理能力、职业技能、责任感、职业意识与求职技巧将增加个体求职成功的可能性。

在招聘过程中，用人单位也经常把大学生的个人能力作为非常重要的一个衡量指标，大学生的可就业能力会对大学生就业结果产生影响。黄巧荣（2009）研究认为造成我国高校毕业生就业难、大学生的可就业能力不足的因素是不容忽视的。因此，可就业能力与就业结果关系的研究有助于我们从大学生可就业能力出发，为研究和解决大学生就业难的问题拓宽视野。

（二）河南省大学生就业结果对可就业能力各因素的回归分析

1．河南省大学生录用通知数对可就业能力各因素的回归分析

河南省大学生录用通知数对可就业能力各因素的回归结果表明，在控制了性别、学生类别、家庭人均月收入、专业与兴趣一致性等人口学变量后，可就业能力中的职业认同因素对录用通知数的预测作用最强且达到了显著水平。乔志宏等（2011）研究表明职业认同对录用通知数量有正向的预测作用。该结果与本次研究的结果一致。对自身职业特质认识较为明确的大学生在就业中会有更准确的定位、更充分的准备，因而有可能获得更多的录用机会。这一结果既验证了 Fugate 等（2004）的观点——在所拥有的资本因素、知识、技能都相差不多的情况下，对自我有清晰了解的个体拥有更高的就业可能性，又验证了 McArdle 等（2007）对职业认同的看法——职业认同能指导职业决策，在求职中提供方向和聚焦点。高职业认同的个体对职业生涯取得成功所需的技能和素质有更精确的觉知，有助其更好地达到职业目标。这也启发高校教育者应通过开设职业生涯规划课程、举办职业生涯规划大赛等活动，指导学生使用各种测评工具，引导学生认识自我和职业世界，提高学生的职业认同水平。

2. 河南省大学生起步月薪对可就业能力各因素的回归分析

河南省大学生起步月薪对可就业能力各因素的回归结果表明，在控制了性别、学生类别、家庭人均月收入、专业与兴趣一致性等人口学变量后，可就业能力中的人际关系、网络差异因素对起步月薪的预测作用达到显著水平。

人际关系负向预测起步月薪，这一结果与乔志宏等（2011）的研究结果存在不一致。其原因在于本次研究所选取的院校中存在师范院校，女生占到了样本总量的70%，造成了样本分布不均的情况。传统观点认为，女性不用承担买房等经济负担，所以在大学生活中，女大学生可能会更注重与同学、朋友之间的关系，这使她们在人际关系上的得分偏高。受女性角色的影响，她们可能对起步月薪的要求相对较低。网络差异正向预测大学生起步月薪。在当前的社会背景下，大学生关系网的大小在我国劳动力市场上具有重要价值。在剧烈动荡的就业浪潮中，扩大关系网会使个体快速地适应从校园到职场环境的转变，并可能获取较高的薪酬。

3. 河南省大学生工作满意度对可就业能力各因素的回归分析

河南省大学生工作满意度对可就业能力各因素的回归结果表明，在控制了性别、学生类别、家庭人均月收入、专业与兴趣一致性等人口学变量后，可就业能力中的问题解决因素对工作满意度的预测作用最强，其次是乐观开朗，最后是网络差异。

大学生可就业能力中的问题解决因素反映了大学生在就业中对处理事务方面的胜任特征。大学生解决问题的能力越强，就越能很好地处理遇到的各种问题，也会拥有更高水平的工作满意度。

大学生可就业能力中的乐观开朗因素反映了大学生的个性特征，拥有积极乐观心态的人不会因为失败而一蹶不振，面对压力时也善于进行自我调节，工作满意度也会较高。

人际关系对生活和职场均意义重大，扩大关系网不仅会使个体能快速适应从校园到职场环境的转变，并可能获取较高的薪酬，也会让大学生在工作中更加如鱼得水，拥有更高的工作满意度。

（三）可就业能力与就业结果——生源地的调节效应分析

回归分析结果显示，来自农村的大学生可就业能力对录用通知个数影响显著，来自城镇的大学生可就业能力对录用通知的个数影响不显著。生源地在可就业能力与录用通知数之间的调节效应显著。

该结果也验证了身份标记观点。由于身份地位和环境不同，城乡大学生的可就业能力对录用通知个数的影响不同，可就业能力对来自农村的大学生录用通知个数的影响显著，而对来自城镇的大学生的影响不显著。

五、小结

（1）河南省大学生的可就业能力与起步月薪之间、可就业能力与工作满意度总分之间、可就业能力与录用通知数之间均存在相关关系。

（2）河南省大学生可就业能力中的职业认同因素对录用通知数有显著预测作用。

（3）河南省大学生可就业能力中的人际关系、网络差异因素对起步月薪有显著预测作用。

（4）河南省大学生可就业能力中的问题解决、乐观开朗、人际关系差异因素对工作满意度有显著预测作用。

（5）生源地在河南省大学生可就业能力与录用通知数的关系中起调节作用。来自农村的大学生可就业能力对录用通知数影响显著，来自城镇的大学生可就业能力对录用通知数影响不显著。

第四章

大学生生活事件、心理健康、就业压力和心理弹性的状况

第一节　大学生生活事件、心理健康、就业压力和心理弹性的研究综述

一、界定

（一）生活事件

根据文献调查法，我们对生活事件的概念做了如下梳理：Holmes 和 Rahe（1967）指出生活事件指发生在生活中的重大变化促使个体启动相应的应激资源去适应的事件。Goodye（1996）指出生活事件是个体意识到的个人经历和跟体验事件有关的心理状态。Horesh 等（2008）认为生活事件是个体体验到的各种主要生活事件和个体对这些事件的认知性解释。刘贤臣（1998）提出生活事件和个体的应激密切相关，生活事件是人们在家庭、工作、学习和社会支持系统中出现的各种刺激的总和，主要是指可以造成个人的生活风格和行为方式改变，并要求个体去适应或应对的社会生活情景和事件，而且该场景或事件可以造成个体生活风格和行为方式的改变。生活事件存在于人们的生活和工作环境、社会人际关系、家庭状况、角色适应和变换、社会制度等之中。

综上所述，本次研究采用刘贤臣的定义。

（二）心理健康

针对心理健康评价的标准，不同学者提出了不同的看法。世界卫生组织（1947）定义健康是一种躯体上、心理上和社会上的完满状态，而不仅仅是没有疾病或虚弱。谭和平（1998）认为心理健康的标准包括认知正常、情感协调、意志健全、适应良好和个性完整五大维度。Diener（2000）指出心理健康的三个重要特点：① 主观性，心理健康作为个人的主观体验，客观条件只能作为影响主观体验的潜在因素；② 积极性，心理健康是一种积极因素多消极因素少的情感体验；③ 心理健康反映在个人生活的方方面面。黄希庭（2004）提出心理健康是指个人的心理活动的各个环节稳定运行并能充分发挥各项功能的特定心理状态。郭念锋（2005）提出 10 条心理健康的标准：① 心理活动强；② 心理活动耐受力；③ 周期节律性；④ 意识水平；⑤ 暗示性；⑥ 康复能力；⑦ 心理自控力；⑧ 自信心；⑨ 社会交往；⑩ 环境适应能力。丁桂兰（2006）针对大学生提出了 8 条心理健康标准：① 智力正常；② 情绪健康；③ 意志健全；④ 人格完整；⑤ 自我评价正确；⑥ 人际关系和谐；⑦ 社会适应正常；⑧ 心理行为符合年龄特征。

本次研究测量对象是大学生，丁桂兰关于心理健康的标准更具有针对性，因此采用学者丁桂兰（2006）提出的大学生心理健康评价标准。

（三）就业压力

国内外的研究均表明，就业或择业是大学生心理压力的重要来源。就业压力是随着近十几年来经济发展和就业体制改革应运而生的新名词，学者对就业压力的概念至今并没有统一的定论。如 Lazarus 认为压力指的是由内在的或外在的刺激所引起的对个体身体和心理产生一定影响的心理感受。Coyne（1991）进一步提出了压力是一个过程，这个过程包括压力源、中介变量和身心反应三个变量。本次研究采用刘阳（2012）提出的观点，就业压力也包含三个过程：① 就业压力源是指客观的外在环境刺激变量，主要指个体在就业过程中经历的各种事件或突然的创伤性体验等；② 中介变量包含许多因素；③ 身心反应主要指的是心理和生理反应的指标，如焦虑、抑郁等。

（四）心理弹性

心理弹性在国内也被译为“心理韧性”或“复原力”。Block 等（1996）首次提出自我心理弹性的概念。Jew（1999）指出，心理弹性的概念是在对压力应对或危机应对的研究中逐步发展而成的。研究者发现一些能够在压力情景与生理疾病或心理困扰之间起缓冲作用的个体特质或能力，这些特质曾经被称作不易感、抗压力、保护因子等。随着研究的深入开展，研究者采用心理弹性来表达个体面临压力或挫折情景复原的能力、结果或过程。但对于心理弹性的概念，学者根据研究的不同侧重点提出了不同的观点。

（1）品质论定义。Howard（1999）认为，心理弹性是个体能够经受困境并在困境中能够适当调适的能力；Turner（2001）认为，心理弹性是一种能够帮助个体对抗逆境，以健康感觉持续有意义生活的卓越能力；Connor（2003）将心理弹性定义为个体的人格特质或能力，是稳定的个人心理特征，是个体应对压力、挫折、创伤等消极生活事件的能力或特质。

（2）结果论定义。Masten（1998）认为，心理弹性是个体经历高危险情境后的积极结果。持结果论观点的学者强调，心理弹性是作为克服逆境获得良好适应的行为结果，这些结果是指比预期要好的结果。

（3）过程论定义。Rutter（1993）认为，心理弹性是个体在应激情境下仍能良好适应的动态过程；Olsson（2003）强调心理弹性是个体与环境交互作用的动态过程。持过程论观点的学者认为，心理弹性是个体在面对生活应激性事件或挫折时，在与环境交互作用的动态过程中，通过应对获得良好适应的调适过程。

心理弹性是一个复杂的现象，不同定义都从某一方面反映了心理弹性的本质属性。需要我们注意的是，在心理弹性作为中介变量的研究中，我们把心理弹性作为一种稳定的个人特质或结果；而在心理弹性作为调节变量时，我们认为心理弹性是一种动态的发展过程，强调其在个体与环境交互作用的动态过程。

二、研究综述

（一）生活事件

自 20 世纪 60 年代就有学者开始研究生活事件，并根据自己的研究内容编制了相关的生活事件量表。具体的生活事件量表见表 4-1 所示。

表 4-1　生活事件量表

生活事件量表	学者	时间	量表描述
社会再适应量表	Holmes 和 Rahe	1967 年	应用最早，也最广泛，以生活事件的定性和定量方法来衡定其对个体健康的影响，量表包含 43 个项目
紧张性生活事件评定量表	郑延平等	1990 年	该量表可得出受试者在近一年内所经历的生活事件的次数，由人际关系、学习、工作与经济、家庭、婚姻恋爱、健康、环境和法律等 8 类事件组成，包含 47 个项目
青少年生活事件量表	刘贤臣	1997 年	量表由可能引起青少年心理应激的负性事件构成，分为学习压力、人际关系、丧失、受惩罚、其他和健康适应 6 个因子，包含 27 个项目
中学生应激源量表	陈树林，郑全全等	2000 年	该量表是针对中学生群体的应激源调查表，分别评估教师压力、学习压力、父母管教方式的压力、家庭环境压力、社会文化压力、自我身心的压力和同学朋友交往中的压力等 7 个方面，包含 39 个项目

（二）心理健康

目前，国内外对不同年龄、专业和职业的对象进行心理健康水平测评时，主要采用以下几种测量工具：症状自评量表、心理筛查量表、卡特尔 16 种人格因素问卷、凯斯勒心理困扰量表（K10）、抑郁自评量表、焦虑自评量表、大学生健康调查表。王征宇（1984）将症状自评量表引进我国并翻译修订，金华等（1986）对症状自评量表再次进行修订，并建立了常模。症状自评量表最初是为了研究精神病症，但为了使量表的适用范围扩大，唐秋萍等（1999）不断在不同年龄、职业、正常与非正常人群中进行大量施测、对比分析、建立常模标准，最终得出结论，症状自评量表很适合作为测评我国青少年心理健康的测量工具。

国内其他学者也编制了一些心理健康量表，但地域性较强，普适性较低，缺乏代表性。

（三）就业压力

1. 压力的定义

压力在国内一般被翻译成应激。自 Selye（1976）首次将“压力”概念引入社会科学领域以来，许多研究者对压力进行深入研究。

针对不同的研究目的，人们对压力的理解也很不相同。Kyriacou（1978）将压力定义为当个体资源不能有效应付外部环境需求时，环境、外部因素与个体内部特征之间互动的结果。Lazarus（1984）认为压力是个体与其认为超出自身资源并损害其健康环境之间的一种特定关系的产物。Boyle（1995）把压力与个体所处的外部环境和个体自身的情绪、心理特征相联系。

由于研究者的研究侧重点不同，对压力不同的理解就出现了，一般可归纳成以下三类。

（1）压力源，指导致个体产生压力反应的情景、活动或刺激性事件。它既可以是外部的，如工作压力、学业压力、经济压力等，也可以是来自个体内部的，如心理冲突和不合理的认知等。

（2）压力的反应。压力反应有两种：一是 Cannon（1939）提出的个体对外界作用或损害的一种生理反应，如流汗、心跳加快等，强调的是生理唤醒；二是个体对外部需求和刺激的主观的心理反应，如焦虑、抑郁等。

（3）Lazarus（1966）等将压力看作一个动态的过程，其研究的目标是个体需求、已有资源与环境需求、限制之间复杂的相互作用的过程。这是一种相互作用的研究。

综上所述，压力是来自个体内部或外界的压力源引起的个体在生理、心理和行为上所发生的变化、反应过程。

2. 压力的理论模型

Lazarus（1966）认为，人或事在以某种方式对我们的满足感产生威胁时才会成为压力源。威胁来源于环境与个体内部需求间的冲突。个体对压力源的感知称为交互，对刺激的评估称为威胁评估。所谓心理压力是指被个体评价为威胁身心健康，需要动员自身资源去承载或逾越的个体与环境间的特殊关系。该理论被研究者评价为心理压力领域最具代表性、影响最广泛的压力理论之一。

Lazarus 等（1984）提出压力的定义——个人与环境之间的特殊关系，这种关系被个人评价为疲劳的或超越了其心理资源并危及其健康。研究者认为，潜在的压力源主要是重大的生活事件和烦扰。心理压力过程包括四个环节：潜在压力源、对潜在压力源的认知评价、应对和压力反应。其中，个体对压力源的认知评价是最为重要的，它决定着压力反应的唤起和应对行为的选择。认知评价包括两个层次或水平：① 个体与环境改变之间关系的评价，也就是对潜在压力源的类型作出判断，称为初级评价。② 在被评价为有威胁性的前提下，个体能否作出缓解由此威胁带来的心理压力反应，能否采取有效的应对方式的主观判断，称为二级评价。Lazarus 等（1984）认为有三个因素在其中起作用：与事件相联系的情绪性、因缺乏足够信息来评价情境或由于无法应对模糊情境而产生的不确定性、意义的评定。其理论模型如图 4-1 所示。

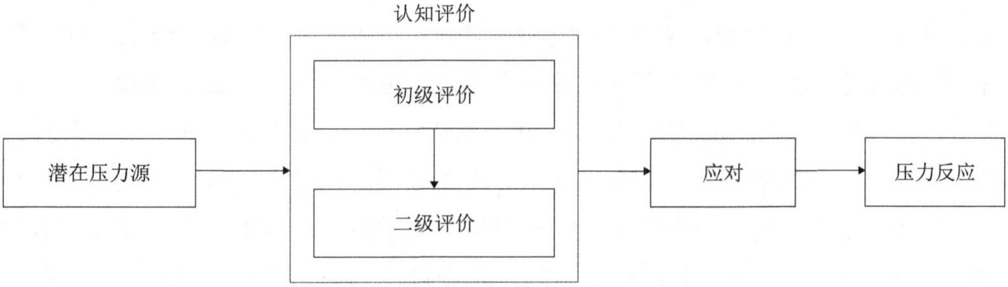

图 4-1　压力认知交互作用模型

在 Lazarus 的压力评估理论模型中，压力既不是刺激，也不是反应，而是需求以及理性地应对这些需求之间的联系，也被称作认知理论现象学理论相互作用（cognitive-phenomenological-transactional，CPT）理论模型。该模型认为压力研究的首要任务是对调节外界压力与复杂反应关系的中介变量和过程进行归因。认知理论假设人是主动的、理性的、决策的人，假设人类构造图式或构造心理蓝图。

刘志宏（2005）认为认知交互作用理论开创了系统研究压力现象的新理论和新思路，开辟了从中介变量入手揭示心理压力过程和机制的新途径和新范式，实现了不同压力现象理论系统整合的初步尝试。

3. 就业压力的概念

就业压力主要指个体在就业过程中经历的各种事件或突然的创伤性体验等。

4. 大学生就业压力评估与测量

本次研究采用文献调查法发现：针对大学生就业压力的测量，目前仍然缺少比较成熟、精确、统一的测量工具。在现阶段的研究中，许多研究者为了研究需要而自编大学生就业压力问卷，评估和测量的目的主要是了解就业压力的来源，评估个体目前的压力水平和程度，以及压力反应等。测量的内容包括就业压力来源、就业压力强度、个体应对就业压力产生的身心反应及应对压力所采取的应对措施。在研究方法上，大多是采用问卷调查的方式。

国外比较常用的大学生就业压力量表有：Nowak 等（1983）以大学本科生为被试编制的大学生就业压力问卷；Blankstein 等（1991）编制的大学生日常烦扰量表，选取了 265 名女大学生和 143 名男大学生为被试；Christian 等（1992）编制的大学生压力量表，主要是考察大学生经历的生活事件对其造成的压力影响。国内近几年也有不少大学生就业压力量表的编制与运用，如张林和车文博等（2003）编制的大学生心理压力感量表，以 2260 名大学生作为被试，α 系数为 0.89，稳定性系数为 0.59，说明其内部一致性与稳定性较高，可作为大学生心理压力的有效测评工具；陈宇红（2005）自编的大学生就业压力问卷，其 α 系数为 0.9589、分半信度为 0.9081，信度良好，稳定性较高；路晓倩（2011）的本科毕业生就业压力问卷，采用 Likert 自评式评分，共 26 个项目，由 5 个分量表组成：就业竞争力自我评价、就业心态自评、就业竞争形势评估、就业帮助渠道评估和求职挫折评估。

（四）心理弹性

心理弹性的测量工具主要有以下几种。

1. 成人心理弹性量表

挪威学者 Friborg 等（2003）编制了成人心理弹性量表，该量表最初的版本由 45 个项目构成，后减少为 33 个项目。量表有 6 个因子：对自我的知觉、对将来的计划、社会能力、工作计划风格、家庭凝聚力、社会资源。采用 7 级评分，1 表示非常符合左边的描述，2 表示比较符合左边的描述，3 表示有点符合左边的描述，4 表示不确定，5 表示有点符合右边的描述，6 表示比较符合右边的描述，7 表示非常符合右边的描述。对该量表的适用性进行检验，发现内部一致性系数为 0.87。6 个因子的 α 系数分别为 0.65、0.71、0.54、0.67、0.74 和 0.66。与一致感量表的正相关以及与霍普金斯症状清单的负相关支持了该量表的效度。Ahern（2006）指出成人心理弹性量表对心理弹性研究领域有比较广泛和深远的影响，成人心理弹性量表是临床心理学中评估保护性因子对维护心理健康非常重要的测量工具。杨立状（2008）将该量表翻译修订引入中国，以大学生群体为被试进行了试测，结果显示其信效度较好。

2．健康青少年心理弹性评定问卷

Constantine 等（1999）编制的健康青少年心理弹性评定卷（HKRA），共有 60 个项目，包括 19 个子维度。分为内在保护因子和外在保护因子两个部分。内在保护因子指的是个体人格特质，外在保护因子主要来自家庭、学校和同伴群体。李海垒等（2008）修订了中文版，以初中生为被试，采用探索性因子分析法，共提取 11 个因子。因子载荷为 0.34 ～ 0.88，各个因子的同质性信度为 0.62 ～ 0.84，累积方差解释率为 55.77%，结果显示其信效度较好。

3．青少年心理弹性量表

Hjemdal 等（2006）编制的青少年心理弹性量表是以成人心理弹性量表为基础，选取了 425 名 13 ～ 15 岁的青少年作为被试进行测试，共 39 个项目，包含个体性格品质、家庭支持与和谐度、外部支持系统 3 个因子。采用 5 点计分，从“完全不同意”计 1 分，到“完全同意”计 5 分。

第二节　大学生生活事件、心理健康、就业压力和心理弹性的现状

一、研究目的和假设

（一）研究目的

本次研究考察河南省大学毕业生生活事件、心理健康、就业压力和心理弹性的整体特点。

（二）研究假设

假设 1：河南大学毕业生经历的最多的负性生活事件是人际关系问题。
假设 2：河南大学毕业生心理健康处于中等水平。
假设 3：河南大学毕业生就业压力处于中等水平。

二、研究方法

（一）研究对象

本次研究选取河南省 6 所高等院校。其中，重点本科院校有郑州大学、河南大学；普通本科院校有信阳师院、黄淮学院；高职高专院校有河南信息科技职业技术学院、信阳职业技术学院。在 6 所高校中采用随机抽样的方法随机抽取 750 名被试作为研究对象，回收有效问卷 654 份，有效率为 87.2%。被试基本情况见表 4-2。

表 4-2　被试基本分布状况（N=654）

比较项	比较项分类	频数	频率 /%
性别	男	252	38.5
	女	402	61.5
生源地	城市	181	27.7
	农村	473	72.3
专业类别	文史类	293	44.8
	理工类	361	55.2
学校类别	重点本科	277	42.4
	普通本科	183	27.9
	高职高专	194	29.7
有无兼职	有，与专业不相关	272	41.6
	有且与专业相关	111	17.0
	无	271	41.4
家庭人均月收入	1000 元以下	102	15.6
	1000 ～ 3000 元	304	46.5
	3001 ～ 5000 元	150	22.9
	5000 元以上	98	15.0

续表

比较项	比较项分类	频数	频率 /%
对专业的满意度	非常不满意	27	4.1
	比较不满意	153	23.4
	一般	315	48.2
	比较满意	131	20.0
	非常满意	28	4.3

（二）研究工具

1. 青少年生活事件量表

刘贤臣等（1997）编制的青少年生活事件量表是基于青少年的生理、心理特点和社会角色编制的自评量表。用来考察压力性生活事件对青少年心理影响的个体差异。量表由 27 项可能对青少年造成不利影响的生活事件构成，包含人际关系、学习压力、受惩罚、丧失、健康适应和其他因素 6 个分量表。需要注意的是对问卷的评定需确定该事件发生在近 12 个月内，并对发生过的事件当时的心理感受进行评分。该量表采用 Likert 5 级评分。被试在该问卷上的得分越高，表明其感受生活事件的影响越大。我们对青少年生活事件量表的本次测量结果进行信度分析，量表的内部一致性系数为 0.898，各分量表的同质性信度在 0.54 以上，说明该量表具有较高的信度。

2. 症状自评量表

症状自评量表，是由王征宇（1994）翻译修订的，用于了解被试的心理健康水平。霍普金斯症状清单最初是由 Derogatis（1976）编制的。由于此表具有较高的信效度、比其他量表容量大、反应症状丰富等特点，目前国内外广泛采用此表进行心理健康的衡量。此量表共 90 道题，包括 10 个因子，每个因子反映出被试在某一方面受困扰的程度，通过因子分可以了解症状的分布特点。10 个因子依次为：躯体化、强迫症状、人际关系敏感、抑郁、焦虑、敌对、恐怖、偏执、精神病性和其他。采用五级评分，从无到严重。得分越高表明被试的心理健康水平越差。我们对症状自评量表的本次测量结果进行信度分析，总量表的 α 系数为 0.97，各分量表的 α 系数均在 0.54 以上，说明此量表具有较高的信度，适合作为本次研究的调查量表。

3．大学生就业压力问卷

本次研究采用陈宇红和江光荣（2009）编制的大学生就业压力问卷，共59个题项，分成6个维度：职业素质评价、就业竞争环境、自我认识与定位、就业心理预期、缺少求职帮助、专业供求矛盾。采用Likert自评式5级评分法计分，得分越高表明被试感受到的就业压力越大。该问卷在本次研究中的α系数为0.97，各分量的α系数都在0.65以上，说明该量表在总体上信度较好。

4．成人心理弹性量表

杨立状（2008）对RSA量表进行了翻译和修订，并以大学生群体为被试进行了试测，对中文版RSA的信度和效度进行了分析。RSA最初是由Friborg等（2005）编制的用于研究军校大学生。共33个项目，分成6个维度：对自我的知觉、对将来的计划、社会能力、工作计划风格、家庭凝聚力、社会资源。主要测量个体在压力情景下维持心理健康和适应良好所具备的保护机制和因子。采用7级评分法。各维度α系数为0.54～0.74，量表总体信度为0.87。得分越高表明被试的心理弹性水平越高。在本次研究中量表的α系数为0.868。验证性因素分析表明，数据拟合较好，其中CFI = 0.95。

5．自编的一般情况调查表

该调查表主要涉及研究对象的性别、家庭所在地、学校类别、专业的满意度、专业类别、有无兼职工作和家庭月人均收入等人口学统计变量。

（三）研究流程

本测试采用团体施测法进行测试，施测时间为2016年6～7月，施测时使用统一规范的指导语。施测采用匿名方式，测试时间控制在半小时左右。使用SPSS20.0统计软件对数据进行统计分析。

三、研究结果

（一）大学毕业生生活事件的基本情况

大学毕业生经历的最多的负性生活事件是人际关系问题，其次是学习压力、健康适应、丧失、惩罚。总体情况见表 4-3。

表 4-3 大学毕业生生活事件的描述性统计

项目	最小值（min）	最大值（max）	*M*	*SD*
人际关系	0.000	10.400	2.014	0.835
学习压力	0.000	5.000	1.972	0.748
受惩罚	0.000	4.286	1.382	0.567
丧失	0.000	5.667	1.607	0.869
健康适应	0.000	4.000	1.887	0.717
其他	0.000	4.500	1.629	0.662
生活事件总分	1.000	4.740	1.749	0.572

（二）大学毕业生心理健康的基本情况

在本次调查的 654 名大学毕业生中，症状自评量表总分情况是：最低 90 分，最高 258 分，统计均分为 122.46±28.88。症状自评量表总分分布情况是：低分人数较多，高分人数较少，虽然不是正态分布但符合人群分布的一般规律，即大学毕业生的心理健康水平得分处于中等偏下。总体情况见表 4-4。

表 4-4 大学毕业生心理健康的描述性统计

项目	最小值（min）	最大值（max）	*M*	*SD*
躯体化	12	31	15.010	3.588
强迫症	10	36	15.990	4.673
人际关系敏感	9	32	12.940	3.962
抑郁	12	41	16.370	4.638
焦虑	10	29	13.290	3.555
敌对	6	25	8.070	2.598
恐怖	7	23	9.000	2.536
偏执	6	19	7.880	2.205
精神病性	10	27	12.870	3.332
其他	7	19	9.500	2.405
心理健康总分	90	258	122.460	28.877

（三）大学毕业生就业压力的基本情况

计算大学毕业生就业压力问卷项目的平均分为2.300略低于理论中数3，因此我们可以认为大学毕业生就业压力处于中等水平。将就业压力各维度的平均分进行排序，发现平均分由高到低依次为：缺少求职帮助、专业供求矛盾、职业素质评价、就业竞争环境、自我认识与定位和就业心理预期。总体情况见表4-5。

表4-5　大学毕业生就业压力的描述性统计

项目	最小值（min）	最大值（max）	*M*	*SD*
职业素质评价	1.000	4.500	2.320	0.729
就业竞争环境	1.000	3.930	2.294	0.713
自我认识与定位	1.000	4.430	2.248	0.755
就业心理预期	1.000	4.110	2.216	0.717
缺少求职帮助	1.000	6.630	2.378	0.777
专业供求矛盾	1.000	8.200	2.330	0.854
就业压力	1.000	3.950	2.300	0.667

（四）大学毕业生心理弹性的基本情况

计算大学毕业生在心理弹性量表上每个项目的平均分，其值为4.684，采用理论中数4来划分心理弹性的高低，可以认为大学毕业生整体心理弹性状况较好，处于中等偏上水平。将心理弹性各维度平均分进行排序，分数由高到低依次为：社会资源、家庭凝聚力、对将来的计划、对自我的知觉、社会能力、工作计划风格。总体情况见表4-6。

表4-6　大学毕业生心理弹性的描述性统计

项目	最小值（min）	最大值（max）	*M*	*SD*
对自我的知觉	2.000	7.000	4.668	0.955
对将来的计划	1.000	7.000	4.712	1.161
社会能力	1.250	7.000	4.201	0.911
工作计划风格	1.330	7.000	4.140	0.817
家庭凝聚力	1.670	7.000	5.006	1.177
社会资源	2.570	7.000	5.149	1.029
心理弹性	3.000	6.640	4.684	0.704

四、讨论

（一）毕业生生活事件的基本情况分析

大学毕业生经历的最多的负性生活事件是人际关系问题，其次是学习压力、健康适应、丧失、惩罚。首先，人际交往是人与人之间的一种互动，而大学生人际交往能力普遍偏弱。在各高校举行的校园招聘会上，人际交往与沟通能力越来越成为用人单位招聘大学生的重要条件。在对毕业生的跟踪调查中，用人单位普遍反映毕业生的专业水平能适应岗位要求，但在人际关系和集体合作方面还有所欠缺。其次，临近毕业，一部分毕业生选择考取参加工作所需的相关证书，一部分毕业生选择进高等学府继续深造，需要参加研究生招生考试，这些都是毕业生需要直面的学习压力。

（二）毕业生心理健康的基本情况分析

心理健康得分显示，大学毕业生在心理健康量表上的得分处于中等偏下水平，说明大学生的心理健康状况总体较好。

（三）毕业生就业压力的基本情况分析

本次研究发现，河南大学生总的就业压力平均数为2.3，处在中等水平。这与以往的陈俊（2008）、周东斌等（2005）的研究一致。周东斌等（2005）的研究的测量时间都是在2005年4—5月，而本次研究的问卷发放时间是2016年6月5日—2016年6月13日。可能受施测时间的影响，本次研究未能非常准确地反映大学生就业压力程度的真实情况。我们认为大学生就业压力是有阶段性的，因为每年的11—12月是大学毕业生开始投递简历参加招聘会的时间，也是开始正式面对求职面试的日子。媒体在这个季节也密切关注着各类型招聘会的情况，经常有大学生就业的相关报道见诸报端。由此我们假设，每年的11—12月大学毕业生会感受到较大的就业压力。而在每年的4—5月，不少大学生已经落实了就业单位，对就业压力的感受相对少了很多。而对于那些仍处于观望寻求状态的毕业生，由于经历了求职考验，其心态也逐渐趋于平和。所以，就业压力的时效性是影响测量效度的一个重要因素。引发大学生心理压力程度的6个压力源排序：排在首位的是缺少求职帮助的压力，其次是来自专业的供求矛盾、职业素质评价的压力，说明大学生最需要求职帮助。来自家庭、学校、社会的关系和就业信息与指导能缓解他们的压力，否则大学生会体验到缺少求职帮助、缺少社会支持。当然这也从另一个侧面反映出大学生有较强的依赖心理。同时，社会应该为毕业生就业创造一个公平的竞争环境，以毕业生自身的能力素质作为聘用标准。此外，大学生对所学专业的就业前景非常关心，专业的就业面窄，选择就业的机会少是他们担心的主要问题；面对就业压力，高校应该提高大学生就业竞争的综合素质，增强他们迎接竞争和挑战的信心。排在后三位的就业压力源分别是就业竞争环境、自我认识与定位、就业心理预期。对就业压力源的排序说明：客观存在的严峻就业形势对大学生的心理影响较大，寻求职业的成败决定个人的前途和命运，所以大学生对求职竞争的感受较为强烈。高校应该充分调动各种资源，合理设置专业，为毕业生提供有效的就业指导和就业信息，帮助大学生从大学低年级开始就进行职业生涯规划，指导大学生客观地认识和分析自我，转变就业观念，降低其就业期望值，从而减轻大学生求职就业的压力，使他们顺利渡过就业的高压力期。

（四）毕业生心理弹性的基本情况

本次研究发现，大学毕业生心理弹性的整体水平和各维度得分均高于理论中值。这说明大学毕业生的心理弹性水平中等偏上，尤其在家庭凝聚力和社会资源方面等分较高。在求职的这段时间内，大学毕业生忙于自己的事情，无暇顾及其他同学面临的困扰和压力。当有压力和困惑时，他们倾诉的对象主要是家庭成员，个体能从家庭得到毫无保留的关怀，来自家庭的支持和帮助是源源不断和温馨体贴的。在找工作期间，大学毕业生的家庭成员也是齐心协力并予以支持，都在力所能及地为毕业生提供求职资源，出现家庭凝聚力和社会资源得分最高的状况。但工作计划风格和社会能力方面处于中等水平，主要是因为大学毕业生处在人生的主要转折点——走出校园，进入职场。因此，他们在工作计划风格和社会能力方面多有欠缺。

五、小结

（1）河南省大学毕业生经历的最多的负性生活事件是人际关系问题，其次是学习压力、健康适应、丧失、惩罚。

（2）大学毕业生的心理健康状况总体较好。

（3）河南省大学毕业生就业压力处于中等程度。河南省大学毕业生就业压力来源于六个方面，由高到低排列：缺少求职帮助、专业供求矛盾、职业素质评价、就业竞争环境、自我认识与定位、就业心理预期。

（4）河南省大学毕业生的整体心理弹性状况较好，各维度状况由高到低排序依次为：社会资源、家庭凝聚力、对将来的计划、对自我的知觉、社会能力、工作计划风格。

第三节　大学生生活事件、心理健康、就业压力和心理弹性的差异

一、研究目的和假设

（一）研究目的

分析不同性别、生源地、专业类别、学校类别、有无兼职工作、家庭经济状况、专业的满意度的大学毕业生在心理健康、就业压力和心理弹性水平上的差异情况。

（二）研究假设

假设1：性别、生源地、专业类别、学校类别、有无兼职工作、家庭经济状况、专业的满意度等人口统计学变量在心理健康水平上的差异达不到显著水平。

假设 2：性别、生源地、专业类别、学校类别、有无兼职工作、家庭经济状况、专业的满意度等人口统计学变量在就业压力上存在显著差异。

假设 3：性别、生源地、专业类别、学校类别、有无兼职工作、家庭经济状况、专业的满意度等人口统计学变量在心理弹性上存在显著差异。

二、研究方法

（一）研究对象

同第四章第二节。

（二）研究工具

同第四章第二节。

（三）研究流程

2016 年 6—7 月，以团体方式进行施测，时间控制在 30 分钟左右，对调查所得数据采用 SPSS20.0 进行处理，对性别、生源地、专业类别、学校类别、有无兼职工作、家庭经济状况、专业的满意度 7 个人口统计学变量进行独立样本 t 检验和单因素方差分析。

三、研究结果

（一）河南省大学毕业生心理健康、就业压力与心理弹性在性别上的差异分析

由表 4-7 可知，男、女大学毕业生在就业压力全量表上的得分差异显著，表现为女性毕业生得分大于男性毕业生；男、女大学毕业生在职业素质评价、就业竞争环境、自我认识与定位、就业心理预期、缺少求职帮助、专业供求矛盾 6 个分量表上的得分均差异显著，女性大学毕业生的得分均大于男性毕业生。男、女大学毕业生在心理健康全量表上和心理弹性全量表上的得分均无显著差异。

表 4-7 不同性别大学毕业生心理健康、就业压力与心理弹性的差异分析

项目	男（$M \pm SD$）	女（$M \pm SD$）	t
职业素质评价	2.171±0.651	2.412±0.761	-4.345***
就业竞争环境	2.111±0.676	2.409±0.713	-5.301***
自我认识与定位	2.174±0.742	2.294±0.760	-1.997*
就业心理预期	2.096±0.716	2.291±0.707	-3.421**
缺少求职帮助	2.198±0.725	2.49±0.788	-4.763***
专业供求矛盾	2.189±0.926	2.418±0.794	-3.364**
就业压力总分	2.156±0.646	2.386±0.666	-4.341***
症状自评量表总分	121.770±29.729	122.890±28.358	-0.484
心理弹性总分	4.644±0.747	4.710±0.675	-1.140

（二）河南省大学毕业生心理健康、就业压力与心理弹性在生源地上的差异分析

由表 4-8 可知，城镇、农村大学毕业生在就业压力全量表上的得分差异显著，表现为农村大学毕业生得分大于城镇；城镇、农村大学毕业生在职业素质评价和缺少求职帮助 2 个分量表上的得分均差异显著，农村大学毕业生的得分均大于城镇大学毕业生。

城镇、农村大学毕业生在心理健康量表上的得分无显著差异。

城镇、农村大学毕业生在心理弹性量表上的得分差异显著，表现为城镇大学毕业生得分大于农村大学毕业生。

表 4-8 不同生源地大学毕业生心理健康、就业压力与心理弹性的差异分析

项目	城镇（$M \pm SD$）	农村（$M \pm SD$）	t
职业素质评价	2.177±0.684	2.375±0.740	-3.128**
就业竞争环境	2.237±0.703	2.316±0.716	-1.269
自我认识与定位	2.182±0.719	2.273±0.767	-1.372
就业心理预期	2.141±0.704	2.244±0.72	-1.648
缺少求职帮助	2.198±0.685	2.447±0.799	-3.966***
专业供求矛盾	2.285±0.981	2.347±0.801	-0.826
就业压力总分	2.203±0.642	2.334±0.674	-2.240*
症状自评量表总分	120.120±27.834	123.350±29.245	-1.280
心理弹性总分	4.851±0.752	4.620±0.675	3.618***

（三）河南省大学毕业生心理健康、就业压力与心理弹性在不同专业上的差异分析

由表 4-9 可知，文科、理工科大学毕业生在就业压力全量表上的得分差异显著，表现为文科大学毕业生得分高于理工科的得分。理工科大学毕业生在专业供求矛盾分量表的得分差异显著，表现为文科大学毕业生得分高于理工科。

文科、理工科大学毕业生在心理健康量表上的得分差异不显著。

文科、理工科大学毕业生在心理弹性量表上的得分差异显著，表现为理工科得分高于文科得分。

表 4-9　不同专业毕业生心理健康、就业压力与心理弹性的差异分析

项目	文科（$M \pm SD$）	理工科（$M \pm SD$）	t
职业素质评价	2.374±0.774	2.285±0.697	1.500
就业竞争环境	2.355±0.709	2.254±0.714	1.776
自我认识与定位	2.288±0.765	2.221±0.747	1.107
就业心理预期	2.256±0.705	2.189±0.724	1.179
缺少求职帮助	2.450±0.803	2.33±0.756	1.915
专业供求矛盾	2.455±0.985	2.247±0.745	2.892**
就业压力总分	2.363±0.670	2.254±0.649	2.043*
症状自评量表总分	123.480±28.887	121.780±28.887	0.733
心理弹性总分	4.618±0.689	4.728±0.712	−1.961*

（四）河南省大学毕业生心理健康、就业压力与心理弹性在学校类别上的差异分析

由表 4-10 可知，不同学校类别大学毕业生在就业压力全量表上的得分差异显著（$F = 3.685$，$p < 0.05$），且其因子职业素质评价（$F = 6.545$，$p < 0.05$）、自我认识与定位（$F = 3.965$，$p < 0.05$）、缺少求职帮助（$F = 3.180$，$p < 0.05$）三者均存在学校类别上的显著性差异。使用多项比较检验法进行事后比较发现：就业压力总分中，高职类毕业生既显著高于重点毕业生，又显著高于普通毕业生，但重点毕业生与普通毕业生之间无显著差异；职业素质评价方面高职类毕业生既显著高于重点毕业生，又显著高于普通毕业生；自我认识方面高职类毕业生显著高于重点和普通高校的毕业生；缺少求职帮助方面高职类毕业生显著高于重点毕业生；其他因子间均无显著性差异。

不同学校类别大学毕业生在心理健康全量表和心理弹性全量表上的得分均不存在显著差异。

表 4-10 不同学校类别大学毕业生心理健康、就业压力与心理弹性的差异分析

项目	重点（$M \pm SD$）	普通（$M \pm SD$）	高职（$M \pm SD$）	F
职业素质评价	2.244±0.661	2.269±0.744	2.477±0.785	6.545*
就业竞争环境	2.245±0.636	2.273±0.759	2.385±0.766	2.309
自我认识与定位	2.182±0.751	2.215±0.759	2.373±0.744	3.965*
就业心理预期	2.163±0.605	2.232±0.793	2.276±0.783	1.466
缺少求职帮助	2.316±0.698	2.348±0.883	2.494±0.767	3.180*
专业供求矛盾	2.298±0.931	2.277±0.786	2.425±0.795	1.749
就业压力总分	2.241±0.612	2.269±0.710	2.404±0.692	3.685*
症状自评量表	122.630±24.752	121.900±33.072	122.74±30.221	0.049
心理弹性总分	4.672±0.678	4.74±0.725	4.649±0.721	0.874

（五）河南省大学毕业生心理健康、就业压力与心理弹性在有无兼职上的差异分析

由表 4-11 可知，有无兼职大学毕业生在就业压力全量表上的得分属于边缘显著（$F = 2.818$，$p = 0.06$），在职业素质评价方面得分差异显著（$F = 6.311$，$p < 0.01$）。使用多项比较检验法进行事后比较发现：专业无关的兼职毕业生大于专业相关的兼职毕业生，无兼职毕业生大于专业相关的兼职毕业生，其他因子间均无显著性差异。

有无兼职大学毕业生在心理弹性全量表上的得分差异显著（$F = 10.932$，$p < 0.001$）。使用多项比较检验法进行事后比较发现：专业相关的兼职大学毕业生的心理弹性比专业无关兼职的要大，专业相关的兼职大学毕业生的心理弹性比无兼职的要大。

有无兼职大学毕业生在心理健康全量表上的得分差异不显著。

表 4-11 有无兼职大学毕业生心理健康、就业压力与心理弹性的差异分析

项目	有		无	F
	无关（$M \pm SD$）	相关（$M \pm SD$）	（$M \pm SD$）	
职业素质评价	2.381±0.760	2.100±0.676	2.349±0.705	6.311**
就业竞争环境	2.337±0.740	2.194±0.713	2.293±0.683	1.600
自我认识与定位	2.283±0.738	2.089±0.778	2.278±0.756	2.985

续表

项目	有		无	F
	无关（$M \pm SD$）	相关（$M \pm SD$）	（$M \pm SD$）	
就业心理预期	2.283±0.743	2.124±0.707	2.186±0.689	2.334
缺少求职帮助	2.407±0.807	2.320±0.881	2.372±0.698	0.511
专业供求矛盾	2.368±0.772	2.171±0.790	2.356±0.948	2.327
就业压力总分	2.343±0.678	2.166±0.676	2.305±0.649	2.818
SCL-90 总分	124.050±30.014	121.880±32.593	121.090±25.984	0.739
心理弹性总分	4.599±0.687	4.958±0.742	4.658±0.680	10.932***

（六）河南省大学毕业生心理健康、就业压力与心理弹性在不同家庭收入水平上的差异分析

由表 4-12 可知，不同家庭收入水平的大学毕业生在就业压力全量表上的得分差异显著（$F = 10.009$，$p < 0.001$），且其因子职业素质评价（$F = 9.939$，$p < 0.001$）、就业竞争环境（$F = 5.934$，$p < 0.001$）、自我认识与定位（$F = 9.752$，$p < 0.001$）、就业心理预期（$F = 3.88$，$p < 0.01$）、缺少求职帮助（$F = 13.826$，$p < 0.001$）、专业供求矛盾（$F = 6.117$，$p < 0.001$）均存在家庭收入类别上的显著性差异。使用多项比较检验法进行事后比较发现：就业压力总分及其六个因素分量表中，家庭低收入、家庭中等偏下收入和家庭中等偏上收入大学毕业生就业压力均显著高于高收入毕业生。

不同家庭收入水平的大学毕业生在心理健康全量表上的得分差异显著（$F = 2.980$，$p < 0.05$）。使用多项比较检验法进行事后比较发现：家庭中等偏上收入大学毕业生心理健康水平显著高于低收入大学毕业生心理健康水平，家庭高收入大学毕业生心理健康水平显著高于低收入大学毕业生心理健康水平。

不同收入水平的大学毕业生在心理弹性全量表上的得分差异不显著。

表 4-12　不同家庭月平均收入水平大学毕业生心理健康、就业压力与心理弹性的差异分析

项目	低（$M \pm SD$）	中等偏下（$M \pm SD$）	中等偏上（$M \pm SD$）	高（$M \pm SD$）	F
职业素质评价	2.479±0.819	2.350±0.687	2.380±0.746	1.972±0.630	9.939***
就业竞争环境	2.381±0.759	2.321±0.696	2.360±0.703	2.023±0.679	5.934***
自我认识与定位	2.371±0.845	2.252±0.754	2.381±0.700	1.901±0.627	9.752***
就业心理预期	2.266±0.799	2.250±0.695	2.260±0.697	1.990±0.689	3.886**

续表

项目	低（$M\pm SD$）	中等偏下（$M\pm SD$）	中等偏上（$M\pm SD$）	高（$M\pm SD$）	F
缺少求职帮助	2.593±0.807	2.423±0.744	2.419±0.812	1.949±0.631	13.826***
专业供求矛盾	2.492±0.887	2.326±0.774	2.425±1.004	2.027±0.734	6.117***
就业压力总分	2.430±0.732	2.320±0.638	2.371±0.657	1.977±0.612	10.009***
症状自评量表总分	128.4±30.740	122.44±27.000	120.53±29.990	119.35±22.740	2.98*
心理弹性总分	4.634±0.649	4.744±0.702	4.610±0.718	4.665±0.738	1.48

注：家庭月平均收入低代表收入为1000元以下，中等偏下为1000～3000元，中等偏上为3001～5000元，高为5000元以上。

（七）河南省大学毕业生心理健康、就业压力与心理弹性在专业满意度上的差异分析

由表4-13可知，不同专业满意度的大学毕业生在就业压力全量表上的得分差异显著（$F=7.515, p<0.001$），且其因子职业素质评价（$F=4.654, p<0.001$）、就业竞争环境（$F=4.153$，$p<0.01$）、自我认识与定位（$F=7.623$，$p<0.001$）、就业心理预期（$F=6.570$，$p<0.001$）、缺少求职帮助（$F=6.902$，$p<0.001$）、专业供求矛盾（$F=7.088$，$p<0.001$）六者均存在专业满意度类别上的显著性差异。使用多项比较检验法进行事后比较发现：就业压力总分中，非常不满意显著高于比较不满意、一般、比较满意和非常满意，一般高于比较满意和比较不满意；职业素质评价方面非常不满意显著高于非常满意，一般显著高于比较不满意，同时也显著高于非常满意和比较满意；就业竞争环境方面非常不满意显著高于比较不满意、一般、比较满意和非常满意，一般高于比较满意；在自我认识与定位、就业心理预期、缺少求职帮助、专业供求矛盾方面均表现为：非常不满意显著高于比较不满意、一般、比较满意和非常满意，一般显著高于比较不满意，同时也显著高于非常满意和比较满意。

不同专业满意度的大学毕业生在心理弹性全量表上的得分差异显著（$F=13.181$，$p<0.001$）。使用多项比较检验法进行事后比较发现：非常满意显著高于非常不满意和比较不满意，比较满意显著高于非常不满意和比较不满意，一般显著高于非常不满意和比较不满意，比较不满意显著高于非常不满意。

不同专业满意度大学毕业生在心理健康全量表上的得分差异不显著。

表 4-13 不同专业满意度毕业生心理健康、就业压力与心理弹性的差异分析

项目	非常不满意（M±SD）	比较不满意（M±SD）	一般（M±SD）	比较满意（M±SD）	非常满意（M±SD）	F
职业素质评价	2.456±0.946	2.187±0.632	2.428±0.721	2.248±0.780	2.045±0.651	4.654***
就业竞争环境	2.688±0.847	2.219±0.705	2.352±0.681	2.205±0.719	2.094±0.79	4.153**
自我认识与定位	2.741±0.909	2.146±0.701	2.347±0.719	2.051±0.755	2.133±0.914	7.623***
就业心理预期	2.609±0.977	2.132±0.709	2.312±0.680	2.039±0.689	2.044±0.723	6.570***
缺少求职帮助	2.88±0.912	2.266±0.779	2.47±0.777	2.245±0.694	2.085±0.658	6.902***
专业供求矛盾	2.874±1.237	2.165±0.719	2.44±0.769	2.195±1.024	2.093±0.769	7.088***
就业压力总分	2.708±0.888	2.186±0.638	2.391±0.642	2.164±0.651	2.082±0.654	7.515***
症状自评量表总分	124.3±34.86	123.010±27.4	124.350±28.640	116.040±39.160	116.040±39.155	1.421
心理弹性总分	4.213±0.303	4.556±0.657	4.766±0.759	4.89±0.674	5.168±0.744	13.181***

四、讨论

（一）心理健康

本次研究对大学生心理健康整体水平通过问卷调查法数据分析，结果表明不同家庭经济水平的毕业生心理健康水平差异显著。陈宇红（2009）的研究发现，家庭经济状况越差的学生，在面对就业压力时，体验更多的是抑郁和焦虑情绪，心理健康令人担忧。因此，在大学生不同群体中，家庭经济水平差的应届毕业生源于就业压力而导致的心理健康问题相对比较突出。本次研究发现，不同家庭经济水平的应届毕业生心理健康水平差异显著，特别是低收入家庭的毕业生其心理健康水平比高收入的和中等偏上收入的心理健康要差，这和李海星（2001）、李艳红（2002）、谢桂阳（2002）等的研究结果基本一致。也就是说，就业压力是家庭经济水平差的毕业生心理健康的风险因素，会导致心理健康水平的下降。因此，高校应采取有效措施，减轻家庭经济水平差的应届毕业生的就业压力，避免因不堪就业压力而产生心理健康问题。

（二）就业压力

从大学生的性别、生源地、专业、学校类型、有无兼职、家庭经济水平、专业满意度这几个变量上，对大学生就业压力以及就业压力的各维度进行差异比

较，结果显示：在性别上，就业压力总体水平与就业压力各维度上均存在显著性差异，女性毕业生的就业压力得分显著高于男性。这说明在大学毕业生求职过程中，女生所体验到的压力感受要比男生高，说明在就业中的性别倾向依然存在。这个研究结果与路晓倩（2011）、舒晓丽（2010）、陈俊（2008）等人的研究结果基本一致。

在生源地城乡差异上，农村毕业生的就业压力整体水平显著大于城市，其中在职业素质评价和缺少求职帮助分量表上的得分均存在显著差异。与来自城市的学生相比，农村学生家庭背景一般、经济困难，面对求职就业的激烈竞争，他们缺乏有力的社会支持，同时对自己缺乏自信。这一研究结果与刘玥（2013）、罗繁荣（2010）、陈宇红（2005）等的研究结果基本一致。

在专业上文科毕业生的就业压力整体水平显著高于理工科，其中，在专业供求矛盾分量表上也存在显著差异。由于不同学科和专业之间的就业存在较大差异，用人单位对理工科学生的招聘信息针对性强，使理工科毕业生具有优势。而对于文科毕业生来说专业供过于求，专业缺少技术性加上文科毕业生对专业缺乏信心就造成了专业供求矛盾的问题。这一研究结果与刘风川（2015）、李超（2012）、邱桂平等（2009）的研究结果基本一致。

不同学校类型毕业生在就业压力整体水平上的得分差异显著，表现为高职类毕业生显著高于重点和普通院校，但重点与普通院校之间无显著差异。在就业市场上，重点院校的学生明显比一般院校的学生更受欢迎。相对来说，这些院校师资雄厚，教学质量高，学生素质也普遍较高，这些综合因素导致高职类毕业生就业压力普遍较大。其中，职业素质评价、自我认识与定位、缺少求职帮助分量表也存在显著差异。这种差异的原因可能是这些高职类毕业生在认识到自身的学历水平比重点和普通类院校低，以及就业市场的激烈竞争，这在一定程度上导致了高职类毕业生在面对就业市场时产生一定的压力。这一研究结果与刘阳（2012）、路晓倩（2011）等的研究结果相一致。而重点与普通院校之间无显著差异，这与以往的研究并不一致，可能是由于河南省本身缺乏优秀的高等教育学府，重点与普通院校之间的差距并不是重要的原因。

有无兼职工作的毕业生在就业压力整体水平上的得分边缘显著，这个结论与刘玥（2013）等的研究结果部分一致。在职业素质评价分量表上得分差异显著，专业无关的兼职毕业生就业压力大于专业相关的，无兼职的就业压力大于专业相关的。兼职工作具有特殊性，如果大学生本身的专业实操性不强，就很难找到与专业相关的兼职。而适合大多数大学生做的兼职工作多半是需要体力劳动且与专业无关的兼职，如超市的促销员、传单派发员、送餐员等，这类兼职对毕业生未来职业发展和工作前景的帮助不大。因此相比于有相关专业兼职工作经验的毕业生来讲，这类兼职的毕业生有更大的就业压力。大学生就业压力的得分在有无兼职工作的各水平上具有显著性差异，其压力来源各因子中，职业素质评价、自我认识与定位存在显著性差异；无兼职工作经验大学生的就业压力得分显著高于有兼职经验的大学生，且无论兼职性质是否与所学专业相关；其各因子比较，职业素质评价得分与自我认识与定位得分也是一样，即无兼职工作经验大学生的就业压力得分显著高于有兼职经验的大学生，且无论兼职性质是否与所学专业相关。这一结论也提醒高校，在大学生实习期间应帮助或引导学生选择适合自己未来发展、能展现专业才能的实习工作，并适当地为学生提供相关的实习机会。

不同家庭经济水平的毕业生就业压力在整体和 6 个分量表上均存在显著性差异，家庭低收入、中等偏下收入、中等偏上收入均显著高于高收入毕业生，意味着低收入家庭的毕业生其就业压力最大，这与以往刘新华（2014）、陈宇红（2009）等的研究结果基本一致。家庭经济困难的学生自觉是弱势群体，感受到的就业压力会更大。因为经济差别带来的不仅仅是物质财富的差异，更多的是消费习惯的差异、人格发展的差异、世界观和价值观的差异，更深层次的问题在于由此所带来的心理障碍。由于物质生活的匮乏，自尊心极强的大学生在求职就业方面也毫无例外地体验到自卑和无助感，造成他们在职业素质评价、就业心理预期、缺少求职帮助等多方面的压力。在这些心理矛盾交织下的经济困难学生理应成为大学生就业指导关注的焦点。高校就业指导和心理辅导工作应该给予他们更多的关怀，帮助他们形成正确的自我认识，提高综合素质，增强求职信心，切实帮助他们渡过就业的高压力期。

不同专业满意度类型的毕业生就业压力在整体上和 6 个分量表上均存在显著性差异，非常不满意的毕业生就业压力显著高于比较不满意、一般、比较满意和非常满意的毕业生，这一研究结果与罗繁荣（2010）、李琦等（2004）的研究结果基本一致。一般而言，对自己所学专业满意度直接影响大学生的学习兴趣、专业技能的培养与求职竞争力。专业满意度高的毕业生，专业认同感高，学习兴趣浓厚，在学习和生活上更为积极主动，自身素质较高，就业竞争力较强，自信心增强，对就业环境有更为准确客观的认识，就业压力自然就降低了；相反，对专业不满意的毕业生，往往存在一种无所谓的心态，学习兴趣下降，对待工作不认真，缺少应对就业竞争的能力和素质，就业压力自然就会高。这也提醒高校，应该加强专业教育，提高大学生对自身专业的认同感和满意度，同时应认真对待那些对专业满意度不高的学生，充分尊重学生选择自己所喜欢专业的意愿，进行合理的评估与建议，帮助其选择合适的专业。在充分的专业教育的基础上，高校应打破专业的界限，使学生自由选择自己喜欢的其他专业，相信这样会更加有助于学生的发展，有助于学生的成长成才。

（三）心理弹性

分析结果发现，在生源地方面，城市毕业生的心理弹性整体水平显著高于农村，这一研究结果与陈利永（2011）等的研究结果基本一致。原因可能是生活地域环境和教育水平的差异。农村家庭的学生从小接受的教育质量、教育方法和教育观念均与城市家庭的学生有很大差距，总体来说，农村学生从小得到的社会锻炼机会均比城市学生少。

在专业上，理工科毕业生的心理弹性整体水平和组织风格分量表上显著高于文科，与陈姝羽（2013）的研究结果基本一致，其他分量表上未见显著差异，都是理工科毕业生高于文科毕业生。这一结论和刘风川（2015）提出的与理工专业学生相比文史专业学生的心理弹性更高并不一致。这一研究结果的原因可能有两方面：首先，文科毕业生大多数是女生而理工科毕业生大多数是男生，男女生对待压力或危机时存在性别差异。其次，文科毕业生与理工科毕业生的思维与处理事情的组织风格也存在差异性，文科生相对于理工科生更加的感性，对未来的事情缺乏规划，更多的随心而动，相对缺乏条理性。

在有无兼职工作这个变量上，与专业相关的兼职毕业生的心理弹性要大于专业无关的兼职，与专业相关的兼职毕业生的心理弹性要大于无兼职。我们可以得出参加与自己专业相关兼职大学毕业生的心理弹性比参加无关兼职与无兼职的毕业生的要高。

不同专业满意度的大学毕业生在心理弹性全量表上的得分差异显著，专业满意度高的学生心理弹性水平相对较高，这一结论与朱玉梅（2011）得出的结论基本一致。对所学专业满意的学生对专业感兴趣，学习动机强，学习成绩相对较好，这使得他们对自己和学习更有信心，对求职与未来也充满希望，因此其心理弹性高。

五、小结

（1）性别、生源地、专业、学校类型、有无兼职、家庭经济水平、专业满意度等对河南省大学毕业生就业压力的影响均达到了显著水平。

（2）生源地、专业、有无兼职、专业满意度等对河南省大学毕业生心理弹性水平的影响均达到了显著水平，而性别、学校类型、家庭经济状况对心理弹性的影响未达到显著水平。

（3）家庭经济状况对河南省大学毕业生心理健康水平的影响达到了显著水平。

第五章

河南省大学毕业生经历的生活事件对就业压力的影响

第一节　关系研究综述

一、生活事件与就业压力的关系研究

Holmes 和 Rache（1967）研究生活事件和压力之间的关系，提出了压力刺激模型，他们关注的是“生活事件”与身心疾病之间的关系，把压力定义为能够引起个体产生紧张反应的外部环境刺激。陈华（2002）对 465 名中学教师用自编问卷和节选的紧张性生活事件评定量表所做调查结果显示，中学教师的工作压力与生活事件相关。霍军亮和丁艳华(2008）将大学生生活事件来源分为学习事件、情感事件、经济事件、环境事件、就业事件和突发压力事件六大类，并对湖北地区大学生进行压力现状的问卷调查，结果表明大学生感到最有压力的生活事件前三项分别是：就业（21.6%）、竞争（14.9%）和学习（12.8%）。李丹（2013）用问卷调查法对上海市 403 名孕妇进行研究，结果显示在怀孕过程中孕妇经历的生活事件与妊娠压力呈显著正相关。

综上所述，负性生活事件总是伴随着压力。但关于大学生生活事件和就业压力之间关系的研究比较缺乏。在接下来的研究中，我们将深入探讨大学毕业生生活事件与就业压力之间的关系。

二、生活事件与心理健康的关系研究

国外关于生活事件和心理健康的研究成果有：Pengilly 和 Dowd（2000）研究结果显示，应激性生活事件可以显著预测抑郁症状，研究还发现青少年期发生的重大生活事件是预测成年初期重度抑郁的一项重要因素，消极生活事件增加了抑郁的首次发作的风险。Robert（2002）指出生活事件的数目一定程度上显著预测了稳定的抑郁。Chang 和 Sanna（2003）研究发现，日常的琐事会影响人的心理适应，表现出抑郁的情绪症状和外在行为。可见生活事件是引起心理应激并对健康产生负面影响的主要原因之一。

国内关于生活事件和心理健康的研究成果有：张月娟和阎克乐（2005）对 321 名大学生被试进行研究，结果显示，生活事件与抑郁呈显著的正相关关系。郭学东和李亚卿（2006）以 593 名初中生作为被试，调查其经历的生活事件、社会支持情况和心理健康水平，相关分析结果显示，初中生的心理健康与生活事件呈显著正相关。周丽（2008）对初中留守儿童的研究结果表明，生活事件与心理健康密切相关。而且生活事件对心理健康产生直接效应的同时，通过应对方式等中介变量对心理健康产生间接作用，进而影响他们的学习、生活和人格发展。胡军生（2008）对 282 名师范大学生进行了调查研究，结果发现师范大学生的压力事件与大学生的心理健康之间有密切的关系。邓冰等（2012）对高校 1461 名大学生进行了相关分析，结果显示，大学生负性生活事件与心理健康密切相关，应激量越多，心理健康越差，说明大学生的负性生活事件对他们的心理健康确实存在威胁。

国内外已有的研究验证了生活事件和心理健康之间关系密切，由此我们提出日常生活中经历的负性生活事件是影响个体心理健康的重要因素之一。

三、就业压力与心理健康的关系研究

Lavoie（2012）指出心理健康问题和压力之间的关系是双向的。一方面，压力事件会造成个体的心理健康问题；另一方面，心理健康不佳的个体对压力事件也更敏感，容易产生更高水平的压力体验。梁宝勇（1994）指出应激与人类的心身健康关系密切，适度的应激可以增进个体健康和提高社会生活的适应能力，但过于强烈、持久的应激，则会引起一系列身心反应，对个体的身心健康带来消极影响。王小桃（2011）的研究发现就业压力会导致大学生轻生危险性的增加。Pancer（2000）研究指出，由于学校环境中的各种压力，许多大学生存在严重的心理健康问题。李虹和林崇德（2003）发现大学校园压力对大学生的心理健康有负面影响，与心理问题呈正相关。王卫平等（2012）对山西省太原市 560 名大学生村官进行问卷施测，研究结果指出：大学生村官的工作压力与心理健康存在相关性。杨会芹等（2013）在河北省随机抽取 706 名农村籍大学毕业生进行问卷调查，结果显示：大学毕业生心理健康与生活压力呈显著正相关。

综上所述，我们可以看到压力与人的心理健康密切相关。王德强（2007）在研究中指出就业压力排在大学生压力源的首位，可见就业压力是大学生心理压力的重要来源。针对大学毕业生就业压力与心理健康相关关系的研究较少，因此，本次研究在以往研究的基础上采纳 Lavoie 和 Douglas（2012）提出的心理健康和压力之间的双向关系的观点。我们认为大学生心理健康水平与就业压力之间的关系也是双向的，一方面，大学毕业生就业压力可以影响其心理健康水平；另一方面，大学毕业生心理健康水平也可以反过来影响其就业压力程度。

四、生活事件、心理健康和就业压力的关系研究

生活事件是一种客观存在，但要成为精神压力则须经过个体的主观感受，不同的个体对同一生活事件所感受到的压力存在差别。根据 Lazarus、Folkman（1984）心理压力理论，对压力事件的解释比事件本身更为重要，当个体认识到特定情境的要求超过了可用于应付的资源时，个体会将此情境评价为有压力的。Jackson（2002）、Fazel（2008）等的相关研究表明，相比于普通人群，存在心理健康问题的个体对累积的生活压力更敏感，更有可能感受到客观的生活压力事件，也更难以应付自我报告的日常压力源。石美玲（2014）提出生活事件的构成需要两个条件：首先，事件会造成适应压力，消极事件和积极事件都是有异于个体日常生活中发生的事件，通常与日常事件不同；其次，事件会引发个体情绪反应，但事件引起的反应并不总是一致的，有中间变量在起作用。李丹等（2013）通过问卷调查法对上海 403 名孕妇进行研究发现：孕妇经历的生活事件与妊娠压力呈显著正相关，与心理健康呈显著负相关；孕妇的心理健康是生活事件和妊娠

压力的部分中介。与一般人群相比，大学毕业生普遍面临着择业和就业问题，较易出现抑郁、焦虑等心理健康问题，而这种负性心理状态容易引发对生活事件夸大的认知和感受，导致较高的就业压力。

综上所述，我们认为生活事件、心理健康和就业压力三者之间存在着密切关系，但目前国内针对这三个变量的关系研究较少。因此，本次研究欲在大学毕业生群体中探索心理健康、生活事件和就业压力之间的关系，以获得更多的生活事件和就业压力的关系机制的信息。

第二节　心理健康的中介效应分析

一、研究目的和假设

（一）研究目的

考察河南省大学毕业生生活事件、心理健康和就业压力三者之间的关系，进一步探明心理健康在生活事件与就业压力之间的作用机制。

（二）研究假设

假设 1：生活事件、心理健康和就业压力三者之间存在两两相关的关系。
假设 2：生活事件和心理健康水平对就业压力有预测作用。
假设 3：心理健康在生活事件与就业压力之间起中介作用。

二、研究方法

（一）研究对象

同第四章第二节。

（二）研究工具

同第四章第二节。

（三）研究流程

2016年6—7月，以团体方式进行施测，时间控制在30分钟左右，对调查所得数据采用SPSS20.0统计软件进行处理，对生活事件、心理健康和就业压力三个变量的关系进行层次回归分析。

三、研究结果

（一）大学毕业生生活事件、心理健康与就业压力的相关分析

分析青少年生活事件量表得分、症状自评量表得分、就业压力问卷得分的相关性，得到相关矩阵如表5-1所示。结果显示，生活事件与就业压力呈正相关，心理健康与生活事件、就业压力也呈正相关。

表5-1　大学毕业生生活事件、心理健康和就业压力的相关矩阵

项目	生活事件	心理健康	就业压力
生活事件	—		
心理健康	0.499**	—	
就业压力	0.367**	0.384**	—

（二）大学毕业生就业压力对生活事件和心理健康的回归分析

相关分析结果显示，生活事件与就业压力、生活事件与心理健康、心理健康与就业压力之间均存在显著的相关关系。为进一步分析大学毕业生生活事件和心理健康对就业压力是否具有直接预测作用，以大学毕业生就业压力总分为因变量（Y），分别以生活事件总分（X_1）和心理健康总分（X_2）自变量，进行逐步回归分析，生活事件总分和心理健康总分均进入回归方程。结果见表5-2。

由表可知，大学毕业生经历的生活事件及其心理健康对其就业压力现状有显著的预测作用。就业压力的变异有13.5%可以由生活事件的变异来解释；就业压力的变异，有5.4%可以由心理健康的变异来解释。生活事件对就业压力有

正向预测作用，心理健康对就业压力有正向预测作用。

表 5-2 大学毕业生就业压力对生活事件和心理健康的回归分析

项目	R^2	ΔR^2	ΔF	β	t
生活事件总分	0.135	0.135	101.581	0.367	10.079***
心理健康总分	0.188	0.054	42.912	0.267	6.551***

（三）大学毕业生经历的生活事件对就业压力的影响：心理健康的中介效应

中介效应是指自变量 X 与因变量 Y 之间的影响关系（$X - Y$），是 X 通过一个或一个以上变量（M）间接产生的，则 M 称为中介变量，X 通过 M 对 Y 产生的间接影响称为中介效应。

在本次研究中，通过以上的相关分析结果可知，生活事件、心理健康和就业压力之间均存在两两相关的显著关系。基于 Lazarus 和 Folkman（1984）提出的心理压力理论，为进一步探讨三者间关系，将生活事件作为自变量（X）、心理健康作为中介变量（M）、就业压力作为因变量（Y），其路径图如图 5-1 所示。

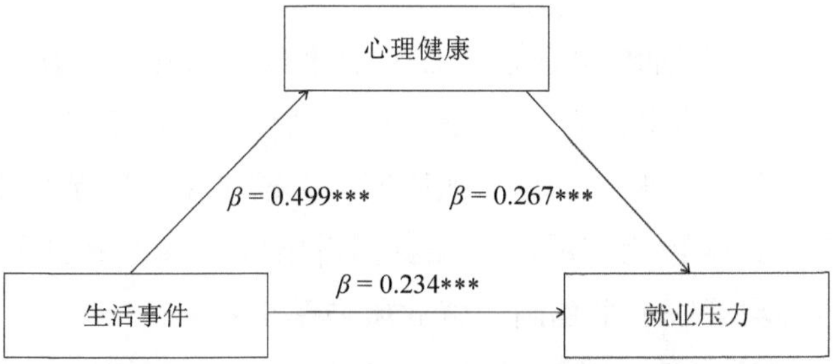

图 5-1 心理健康作为中介变量的路径图

根据温忠麟等（2004）提出依次回归的方法检验中介变量的效应，主要包括 3 个计算过程。首先，将 X（生活事件）、M（心理健康）、Y（就业压力）按对应的观测指标合并取均值后中心化。其次，检验回归方程 $Y = cX+\varepsilon_1$ 中 c 的显著性。最后，检验回归方程 $M = aX+\varepsilon_2$ 中 a 的显著性、回归方程 $Y = c'X+bM+\varepsilon_3$ 中 a，b 的显著性。若 a,b 均显著，则检验 c'，看部分中介效应还是完全中介效应；如果均不显著，则停止检验。本次研究的中介效应检验结果如表 5-3 所示。

由表 5-3 可知，$a = 0.499$（$t = 14.686, p < 0.001$），$b = 0.267$（$t = 6.551, p < 0.001$）

表 5-3　心理健康的中介检验程序

步骤	标准化回归方程	SE	t
第一步	$Y = 0.367X$	0.036	10.079***
第二步	$M = 0.499X$	0.032	14.686***
第三步	$Y = 0.267M$	0.043	6.551***
	$0.234X$	0.040	5.747***

均达到显著水平，说明心理健康的中介效应显著，即生活事件通过心理健康这一中介变量对就业压力产生了影响。同时，$c' = 0.234$（$t = 5.747$，$p < 0.001$），ab 与 c' 同号，因此是部分中介效应，生活事件对就业压力的作用不完全通过中介变量心理健康来达到其影响，中介效应占总体效应的比例为：$ab/c = 32.67\%$。

也就是说大学毕业生心理健康在大学毕业生经历的生活事件与就业压力的关系中处于部分中介变量的地位，即面对负性生活事件时，心理健康好的大学毕业生能较有效地调节自己的情绪，积极采取应对的方式降低负性生活事件对其造成的就业压力。

四、讨论

本次研究发现，生活事件总分和心理健康总分均对就业压力有正向预测作用。虽然没有直接与就业相关的研究证实这一结论，但在李丹（2013）对孕期生活事件与妊娠压力研究中得出了与本次研究相关的结果，即孕期生活事件与心理健康对妊娠压力有正向预测作用。因此我们得出以下结论：生活负性事件越多，就业压力越大；心理健康水平越高，就业压力越小。

大学毕业生生活事件总分对就业压力有正向的预测作用，毕业生经历的负性生活事件会影响其就业压力的水平。即负性生活事件对毕业生的影响越小，其感受到的就业压力就会越小。原因可能是负性生活事件对毕业生影响程度越小，说明大学毕业生自身心理素质越高，其在面对就业压力的负性情境中适应能力越强，并可通过自身的努力，应对就业压力。这提示我们，大学毕业生在日常生活中经历负性生活事件时，如果能够用积极乐观的心态来面对，使自身不受负性生活事件的过大影响，那么当毕业生在面临巨大的就业压力时就会根据自己以往处理负性生活事件的经验，积极主动地将这一压力性事件妥善处理。这就可以解释生活事件的均分为什么可以对就业压力具有正向的预测作用。

心理健康水平对就业压力有正向的预测作用，心理健康水平的高低会影响到对就业压力的体验。许多研究均表明心理健康和压力感密切相关，即心理健康水平越高，毕业生感受到的就业压力就越小。这可能是因为心理健康通常作为个体的保护性因素存在，个体在应对压力的过程中，会调动各种保护性因素抵抗应激以维持平衡状态。心理健康水平较高的个体，会积极主动地整合身边各种可利用的资源，采取正确的态度去处理就业中遇到的困难问题。在就业过程中，大学毕业生不可避免地会遇到各种困难和挫折。面对这种压力挫折情景，不同个体会产生不同的反应。往往心理健康水平较高的个体会保持乐观的态度，情绪稳定，积极的自我肯定，乐观自信，可以有效地处理就业压力，往往就业压力感就会降低。这就解释了心理健康对就业压力的正向预测作用。

大学毕业生经历的生活事件与就业压力呈显著正相关（$p < 0.01$），心理健康和就业压力、生活事件呈显著正相关（$p < 0.01$），即大学毕业生经历的生活事件越多，其就业压力就越大；大学毕业生的心理健康越差，其就业压力也越大。这一结论与陈华（2002）、霍军亮（2008）、邓冰（2012）、杨会芹（2013）、李丹（2013）等以往的研究基本一致。

对心理健康的中介效应检验说明存在部分中介效应，也就是说毕业生的心理健康状态在毕业生经历的生活事件与就业压力的关系中处于部分中介变量的地位。李丹（2013）在对孕妇的研究过程中发现：心理健康在生活事件与压力的关系中起部分中介作用。这一结论与本次研究结果基本一致。

大学毕业在经受负性生活事件时，其就业压力会受到不同程度的影响；而心理状况不佳的大学毕业生，其就业压力也会受到不同程度的影响。在面对负性生活事件时，心理状况好的毕业生能够有效调节自己的情绪与生理指标，采取积极应对的方式，降低生活事件对其造成的伤害；而不良的心理状况提供了一个消极的心理准备状态，使得其对就业问题更为敏感，容易产生夸大的认知和感受，从而导致更高水平的就业压力。也就是说生活事件对大学毕业生的就业压力的影响在一定程度上是通过改变心理健康水平的途径来实现的。生活事件通过心理健康水平的中介作用，进一步引发对就业问题的担忧，产生就业压力。

就业是大学毕业生正式进入社会的第一步，也是其人生的重要转折点，因此和其他在校大学生相比会有更多的焦虑、担忧等，不仅反映在心理上，由紧张焦虑带来的生理指标变化也会影响毕业生。这是因为负性生活事件作为一个客观变量，存在很大的不可控性，相比较之下心理健康水平作为一个相对较为稳定的变量，可以在很大程度上减少负性生活事件对个体造成的伤害。因此，要想减少毕业生经历的负性生活事件造成的就业压力，可以通过提升自身的心理健康水平来实现。面对这些生理和情绪上的变化，大学毕业生最重要的是保持健康的心态。

五、小结

（1）生活事件与就业压力呈显著正相关，心理健康与生活事件、就业压力呈显著正相关。

（2）生活事件和心理健康水平对就业压力有良好的正向预测作用。

（3）心理健康在生活事件与就业压力间起部分中介作用。

第六章

大学毕业生的就业压力对心理健康的影响

第一节　关系研究综述

一、就业压力与心理健康的关系研究

同第五章第一节。

二、就业压力与心理弹性的关系研究

心理弹性作为个体积极应对压力所需的心理素质受到了许多学者的广泛关注。国外学者提出了各自的观点。Bonanno（2004）的研究结果显示，心理弹性水平高的个体能有效抵御外界的不良影响，从而健康成长。但心理弹性水平低的个体很容易受到外界的不良影响和伤害，易引发心理障碍等问题。Bonanno（2007）经过大量的分析和研究证实，生活事件产生的压力可以显著预测个体心理弹性水平。

Rak 和 Patterson（1996）的研究表明，个体只有经历过压力情境才能发展出更多的心理弹性。Friborg（2003）的研究结果表明，个体在面对压力时，为了保持内外环境平衡会激发出心理弹性，心理弹性与个体知觉到的压力成反比关系，即心理弹性可以减少压力源对个体带来的不良影响。Chang 等（2003）以具有亚洲文化背景的被试作为研究对象也验证了 Friborg 的心理弹性和个体知觉到的压

力成反比关系这一研究结论。

国内学者也提出了自己的观点。谭晟（2009）对考研大学生的研究结果显示，心理弹性能降低压力对消极情绪造成的影响，心理弹性与压力之间的交互作用，减少了压力对消极情绪的影响。杨阳（2013）的研究发现，心理弹性水平较高的个体与心理弹性水平较低的学生相比会感受到更少的压力。杜岸政（2012）的研究发现，心理弹性可以直接影响并预测大学生的就业压力应对方式。心理弹性通过自我分化对就业压力起显著的影响作用。杜岸政提出，如果要有效减少就业压力，心理弹性水平的提升必不可少。雷浩等（2012）认为，在面对就业压力这种特异性压力源时，心理弹性与就业压力呈负相关。耿立卿（2013）研究也证实了大学毕业生心理弹性与就业压力呈显著负相关，心理弹性总分对就业压力有显著的负向预测作用。

心理弹性的研究始于对遭遇重大负性生活事件的个体和群体的关注，正是因为心理弹性的保护作用才使这些个体和群体仍能良好地发展。综合已有的研究，我们可以得出：心理弹性与就业压力密切相关。

三、心理弹性与心理健康的关系研究

Rutter 等（1993）通过研究证实心理弹性是个体健康的保护性资源之一。Weed（2000）的研究结果显示心理弹性与焦虑和抑郁呈显著负相关。Farber（2000）对 200 名同性恋和双性恋个体的心理弹性水平和适应结果进行研究，结果表明，高心理弹性个体相对于低心理弹性个体体验到的心理困扰更少，表现出更好的适应结果。Friborg（2006）的研究发现高心理弹性比低心理弹性个体感知到的心理困扰更少，表现出更高的心理健康水平。

王燕秋等（2010）对某大学 2085 名学生进行整群抽样调查，研究结果表明心理弹性能较好地预测大学生的心理健康状况。周永红等（2013）的研究结果显示，心理弹性能够直接影响个体的心理健康水平。而陈滢伊（2010）则认为，心理弹性不仅可以直接影响个体的心理健康水平，还可以通过其他外在或者内在因素的中介作用而间接影响心理健康。

综合已有研究结论，我们提出假设：心理弹性与大学生就业压力存在显著负相关。

四、就业压力、心理弹性和心理健康的关系研究

Lavoie 和 Douglas（2012）提出心理健康问题和压力之间的关系是双向的。一方面，压力事件容易导致心理健康问题的发生；另一方面，由于个体的心理健康状况不同，其对压力事件的敏感程度也往往不同。面临同样的生活事件时，心理健康状况不佳的个体容易产生较高水平的压力体验。面对同样的压力，不同性格倾向的个体会有不同的认知评价，并贯穿于压力应对过程的始终，从而使个体表现出不同的生理、心理压力反应。由此可见，认知评价是能否产生压力的重要因素。从学者已有的研究中我们看出压力只是部分地影响心理健康，还有很多因素在两者之间起着中介或调节作用。心理弹性作为一种积极的心理品质，被学者们列为在压力和心理健康之间起中介或调节作用的因素。

由于心理弹性概念的特殊性，对于心理弹性在压力和心理健康之间是起中介还是调节作用学者并没有达成一致结论。Tugade 等（2004）认为心理弹性较强的个体能够在压力事件或逆境中保持积极的情绪，心理弹性是压力与心理健康之间的缓冲剂，能较好地减少或降低压力性的生活事件对心理健康的负面影响。Friborg 等（2006）的研究同样验证了心理弹性对应激和心理困扰具有调节效应。Pinquart（2009）对德国青少年进行的研究发现，心理弹性与较低水平的心理困扰有关，并且心理弹性可以缓冲日常琐事压力对学生心理健康的消极影响，心理弹性是压力和心理健康之间的调节因素。

在国内已有较少的研究中，杨彩霞（2008）的研究结果显示，心理弹性是压力事件和心理健康的部分中介。高润（2008）的研究结果表明，适应良好的贫困儿童在一定程度上是由于受到了高心理弹性的保护，其通过减少压力事件的影响从而提高个体的心理健康水平。高登峰（2008）对大学生的学习压力事件、心理弹性、心理健康的状况进行测量，并进一步构建了路径模型。研究结果发现学习压力与心理健康呈显著负相关，心理弹性与心理健康呈显著正相关。心理弹性在学习压力与心理健康之间起中介作用。

简言之，心理弹性在压力与健康之间所起的作用及其作用机制已成为一个热点问题且目前尚未定论。目前针对大学生就业压力、心理弹性与心理健康方面的研究较为缺乏。本次研究拟探索心理弹性在大学毕业生就业压力和心理健康之间是起到中介作用还是调节作用，以获得更多的就业压力与心理健康的关系机制

的信息，为高校心理健康教育指导工作提供参考依据。

第二节　心理弹性的调节效应分析

一、研究目的和假设

（一）研究目的

考察河南省大学毕业生的就业压力、心理弹性和心理健康三者之间的关系，进一步探明心理弹性在就业压力与心理健康之间的作用机制。

（二）研究假设

假设 1：就业压力、心理弹性和心理健康三者之间存在两两相关的关系。
假设 2：心理弹性在就业压力与心理健康之间起调节作用。

二、研究方法

（一）研究对象

同第四章第二节。

（二）研究工具

同第四章第二节。

（三）研究流程

在 2016 年 6—7 月，以团体方式进行施测，时间控制在 30 分钟以内，使用 SPSS20.0 统计软件对就业压力、心理弹性和心理健康 3 个变量进行层次回归分析和就简单效应分析。

三、研究结果

（一）大学毕业生就业压力、心理弹性与心理健康的相关分析

分析就业压力问卷得分、心理弹性量表得分和症状自评量表得分的相关性，得到相关矩阵如表 6-1 所示。结果显示，心理健康与就业压力呈正相关，心理弹性与就业压力、心理健康呈负相关。

表 6-1　大学毕业生就业压力、心理弹性与心理健康的相关矩阵

项目	就业压力	心理弹性	心理健康
心理健康			—
就业压力	—		0.384**
心理弹性	−0.313**	—	−0.339**

（二）大学毕业生的心理弹性在就业压力与心理健康之间的调节效应

James（1984）提出了调节效应的概念，即如果变量 Y 与变量 X 的关系是变量 M 的函数，称 M 为调节变量，就是说 Y 与 X 的关系受到第三个变量 M 的影响，这种影响称为调节效应。本次研究中，相关分析结果发现，就业压力、心理弹性和心理健康之间均存在两两相关的显著关系。根据心理压力理论（Lazarus & Folkman，1984），为了深入分析三变量间的关系和作用机制，本次研究将就业压力作为自变量（X）、心理弹性作为调节变量（M）、心理健康作为因变量（Y）。

根据温忠麟等（2005）提出的层次回归方法检验调节变量的效应。首先，将就业压力、心理健康和心理弹性都转化成标准分，并计算出就业压力与心理弹性的标准分生成的交互项“就业压力 × 心理弹性”。其次，以心理健康为因变量，第一步加入就业压力与心理弹性的标准分，第二步加入自变量与调节变量的交互项“就业压力 × 心理弹性”。最后，检验回归方程 $Y = aX+bM+cXM+\varepsilon$ 中 c 的显著性。本次研究的调节效应检验结果如表 6-2 所示。

从表可知，$Y=-0.276M+0.303X-0.125MX$，$c=-0.125$（$p<0.001$），所以心理弹性（M）的调节效应显著。即 ΔR^2 达到显著性，说明心理弹性对就业压力与

心理健康间的关系有调节作用。就业压力在很大程度上直接导致心理健康水平的降低，但心理弹性在就业压力与心理健康之间能起到缓冲作用，即在面临相同就业压力时，心理弹性越好的大学毕业生心理健康也就越好。

表 6-2　心理弹性的调节效应检验程序

步骤	回归方程	ΔR^2
第一步	$Y=0.384X$	0.146***
第二步	$Y=-0.243M+0.307X$	0.198***
第三步	$Y=-0.276M+0.303X-0.125MX$	0.211***

为了进一步阐明心理弹性对大学毕业生就业压力和心理健康之间关系的调节效应，根据 Aiken 和 West（1994）提出的方法进行简单效应分析，结果如图 6-1 所示。

由图 6-1 可知，高心理弹性水平组和低心理弹性水平组大学毕业生的心理健康得分都随着就业压力的增大而增大。但相对于低心理弹性组来说，高心理弹性组的心理健康得分随着其就业压力的增大而有增速放缓的趋势。换言之，心理弹性水平越高，就业压力对心理健康的影响相对越小。

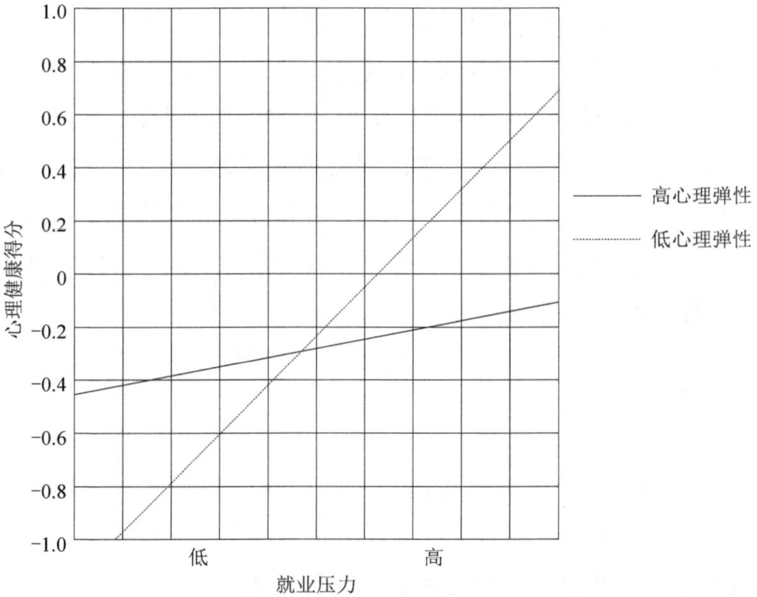

图 6-1　心理弹性对大学毕业生就业压力和心理健康的调节作用

四、讨论

本次研究中，大学毕业生就业压力与心理健康呈显著正相关（$p < 0.01$），即心理健康状况越差，就业压力就越大；大学毕业生心理弹性与心理健康呈显著负相关（$p < 0.01$），即心理弹性水平越低，其心理健康状况越差。这一研究结论与Lavoie（2012）、周永红（2013）等的研究结果基本一致。

在本次研究中，心理弹性在就业压力与心理健康之间起调节作用，进行简单效应分析发现，在高就业压力的影响下，与低心理弹性水平个体相比，高心理弹性水平个体心理健康状况较好，即随着心理弹性的增加，就业压力对心理健康的影响有所减弱。这一结论与杨会芹等（2013）、刘新华等（2014）的结论基本一致。大学生的就业压力对心理健康状况具有直接的影响作用，但心理弹性可以在一定程度上缓解毕业生对就业压力的感受。要想减少就业压力对心理健康的影响，可通过锻炼、提高毕业生的心理弹性水平来实现。因此，高校可通过有效措施来提高毕业生的心理弹性，从内因上缓解就业压力，并减少因就业压力而导致的心理健康问题的发生。

无论心理弹性处于何种水平，随着大学生就业压力的增加，其心理健康水平均出现下降趋势。相比于低心理弹性大学生来说，高心理弹性大学生的心理健康状况随心理压力的变化趋势较缓。这也提示我们高校在面对即将毕业学生的就业压力问题上，可以开展以心理弹性为主题的团体辅导课程，从提高对自我的知觉、对将来的计划、社会能力、工作计划风格、家庭凝聚力、社会资源等方面，提升大学毕业生个体的心理弹性水平，从而调节其心理健康水平，增进大学生的身心健康。当大学毕业生在面对类似就业压力这样的生活事件时，就能采用更加积极主动的应对方式来缓解压力。

五、小结

（1）心理健康与就业压力呈正相关，心理弹性与心理健康呈负相关，就业压力与心理弹性呈负相关。

（2）心理弹性是就业压力和心理健康的调节变量。

第七章

大学生的职业生涯规划能力、职业成熟度和就业压力的状况

第一节　大学生职业生涯规划能力、职业成熟度和就业压力的研究综述

一、概念界定

（一）大学生职业生涯规划能力

尤敬党和吴大同（2003）认为，职业生涯规划就是指个人和组织相结合，在对一个人职业生涯的主客观条件进行测定、分析和总结研究的基础上，确定其最佳的职业奋斗目标，并为实现这一目标做出行之有效的安排。而程社明（2003）则认为，职业生涯规划是指雇员根据对自身的主观因素和客观环境的分析，确立自己的职业生涯发展目标，选择实现这一目标的职业，以及制定相应的工作、培训和教育计划，并按照一定的时间安排，采取必要的行动去实现职业生涯目标的过程。另外，尚博（2003）认为，职业生涯规划是指一个人职业发展道路的设想和规划，它包括个体如何在一个职业领域中得到发展、打算取得什么样的成就等问题。合理规划自己的职业生涯，是个体迈向成功的第一步。

职业生涯规划一般包括自我剖析、目标设定、目标策略、反馈与修订四个方面的内容。自我剖析就是全面、深入、客观地分析和了解自己。目标设定是指

在自我剖析的基础上，设立明确的职业目标。目标策略是指通过各种积极的具体行动和措施去争取职业目标的实现。反馈和修订是在实施职业生涯目标的过程中根据实际情况自觉地总结经验和教训，修正对自我认知和对职业目标的界定。

根据中国职业规划师协会的定义，大学生职业生涯规划是指学生在大学期间进行系统的职业生涯规划的过程。它包括大学期间的学习规划和职业规划。从狭义职业生涯规划的角度来看，此阶段主要是职业的准备期，其主要的目的是为未来的就业和事业发展做好准备。职业生涯规划的有无和好坏会直接影响到求职就业甚至未来职业生涯的成败。本次研究采用中国职业规划师协会对职业生涯规划的定义，即大学生职业生涯规划能力指学生在大学期间进行系统的职业生涯规划的能力，它包括学习规划能力和职业规划能力。

（二）职业成熟度

职业成熟度最早由 Super（1955）年提出，他将职业成熟度定义为个体完成与其职业发展阶段相应的发展任务的程度。随着研究和相关理论的深入和发展，国内外研究者分别提出了自己的看法。

Crites（1974，1978）认为，职业成熟度主要从发展的角度去理解，指“个体在职业发展过程的某一时刻所具有的技巧、知识、态度和自我了解的程度，或个人在职业觉察、探索和选择方面的进步情况”，简单来说就是“个体在职业生涯发展任务上的进展水平”。

Crites（1978）认为，职业成熟度是个人作出合适的职业选择的能力，包括觉察做出职业选择时需要什么，以及个人职业选择的现实性与稳定性。

Luzzo 等（1993）认为，职业成熟度是指个体做出明智的、现实的职业选择所获得的必要知识和技能的程度。

Westbrook（1984）认为，职业成熟度的核心就是认知能力。如果个体的职业认知达到了一定的水平，能做出符合自己的职业选择，就表明个体职业成熟。

Betz（1988）认为，职业成熟度是个体掌握与其职业发展阶段相符的信息，并在这些信息的基础上做出适合自身职业决策的一种准备程度。

龙立荣（2000）提出，职业成熟度是大学生职业心理发展水平的衡量标准，通过分析大学生的职业成熟度可以为有针对性地开展职业指导教育提供依据。

罗锡莉和张进辅（2008）综合国内外对职业成熟度的定义与研究，将职业成熟度定义成“个体掌握与其职业发展阶段的相关信息，以及在此基础上做出与其自身相适宜的职业决策的一种准备程度”。

马远（2003）认为，职业成熟度是指个体做出与相应职业发展任务相适应的职业决策与处理适合职业发展任务的准备程度。

樊潇潇（2009）认为，职业成熟度是个体掌握职业发展的相关信息，在此基础上做出与自身相适宜的职业决策的一种心理优化程度。

总之，大多数研究者认为人的职业发展是一个终身的过程，而且呈现阶段性，即在不同的阶段，个体有不同的职业发展任务或目标。很好地完成了该阶段的任务才是个体职业成熟的表现。职业成熟度往往能够衡量职业发展水平，如果个体能够根据自己的心理特点以及职业要求而做出职业选择，通过采取客观可行和科学有效的措施而最终获得职业，那么其职业成熟度就高，反之则低。

职业成熟度能够很好地反映大学生的职业心理状态，职业成熟度较高的大学生会通过多种实践活动来探索适合自己的职业，他们会更早地进行职业准备，从而成功地实现自己的职业目标。而职业成熟度较低的大学生在职业信息收集和职业准备上都有所欠缺，他们大多没有明确、清晰的职业规划，也不易做出职业决策。本次研究则采用罗锡莉和张进辅（2008）提出的定义，即职业成熟度是指个体掌握与其职业发展阶段的相关信息，以及在此基础上做出与其自身相适宜的职业决策的一种准备程度。

（三）就业压力

对于大学生就业压力的定义，国内学者张丽锦和邱桂平（2007）认为，就业压力指的是大学生面对就业困难情境时，感受到并且一时无法消除的压迫、紧张、焦虑的体验。乔婷婷（2010）认为，在就业形势情境中，由来自个体内部或外界的压力源而引起的个体在生理、心理和行为上所发生的变化和反应过程为就业压力。刘风川（2015）认为就业压力是指在就业情境下的个体对于个体内部、外部环境的压力来源的反应和主观感受。他指出，个体在求职过程中产生的压力反应一般表现为不安、焦虑、紧张、失眠等。就业压力的来源一般包括专业背景、学校等级、自身素质、社会环境及个人看重等方面。

在本次研究中，采用 Lazarus 的压力定义，即就业压力是指个体在面对就业情境时，由各种环境刺激因素与个体因素交互作用而产生的心理紧张现象。它主要包括三层含义：首先就业压力指的是一种心理感受，是由各种内外因素共同产生的紧张感、焦虑感和不愉悦感；其次，就业压力既来自于外部环境刺激，也来自于个体内部刺激；最后，这些刺激必须是被个体所感知到的，只有通过个体的认知评价后才可能产生压力。

二、大学生职业生涯规划能力、职业成熟度和就业压力的关系研究概述

刘玥（2013）指出，当前缓解大学生就业压力最为迫切的任务是根据大学生的实际情况提出相应的对策，通过开展大学生的职业生涯辅导和提高大学生的职业成熟度降低大学生的就业压力。他的研究表明，职业成熟度与大学生就业压力之间呈显著的负相关且两者的各个因子也都呈现出显著的负相关，这说明大学生的职业成熟度越高，其所体验到的就业压力就越小。这与罗繁荣（2010）的研究结论一致，罗繁荣通过研究发现，就业压力与职业成熟度呈显著的负相关，大学生的职业成熟度越高，其所体验到的就业压力就越小。职业成熟度对就业压力有良好的预测作用。

在大学生职业生涯规划和就业压力关系的相关研究中，鲍远通和曹广辉（2006）提到，职业生涯规划是减轻高职生就业压力的需要，通过提高他们的职业生涯规划能力可以减轻其就业压力。而陈俊（2009）也提到，大学生的职业生涯规划与就业关系密切，做好职业生涯规划可以帮助他们树立正确的价值观，明确就业目标，从而缓解大学毕业生的就业压力。

那么大学生职业生涯规划能力和职业成熟度之间又存在什么样的关系呢？刘志明（2015）通过对实习生的研究发现，实习生职业成熟度和职业生涯规划绝大多数因子间均呈正相关，职业成熟度高的实习生有较明确的职业生涯规划，这表明学生的职业规划能力越强，其职业成熟度也就越高。另外，李丽芳（2016）进行研究后也发现，大学生职业生涯规划总体程度与职业成熟度均存在显著正相关，即职业生涯规划程度越高，大学生的职业成熟度就越高。

第二节　大学生职业生涯规划能力、职业成熟度和就业压力的现状

一、研究假设

河南省大学生的职业生涯规划能力、职业成熟度和大学生就业压力均达到了中等水平。

二、研究方法

（一）被试的取样

选取被试为来自河南信阳师范学院（150 份）、驻马店市黄淮学院（150 份）、焦作师范专科学校（150 份）和郑州城市学院（150 份）4 所高校的在校各年级大学生。共发放问卷 600 份，回收问卷 596 份；剔除无效问卷 28 份，实际回收有效问卷 568 份，实际有效回收率为 94.67%（表 7-1）。

表 7-1　有效样本的人口统计学变量构成表（$N = 568$）

变量	项目	n	比例 / %
性别	男	300	52.8
	女	268	47.2
院校类别	本科	297	52.3
	专科	271	47.7
年级	大一	253	44.5
	大二	114	20.1
	大三	126	22.2
	大四	75	13.2
专业	文史	202	35.6
	理工	366	64.4
政治面貌	党员	25	4.4
	共青团员	521	91.7
	群众	22	3.9

续表

变量	项目	n	比例 / %
是否学生干部	是	195	34.4
	否	373	65.6
有无兼职工作	有，与专业不相关	138	24.3
	有且和专业相关	83	14.6
	无	347	61.1
是否参与学校社团	没参与	247	43.5
	参与但没组织	222	39.1
	参与并组织	99	17.4
家庭居住地	城镇	141	24.8
	农村	427	75.2
是否独生子女	是	96	16.9
	否	472	83.1
父亲的文化程度	大专以上	41	7.2
	中专或高中	163	28.7
	初中	254	44.7
	小学	103	18.2
	文盲	7	1.2
母亲的文化程度	大专以上	29	5.1
	中专或高中	116	20.4
	初中	254	44.7
	小学	148	26.1
	文盲	21	3.7

（二）测量工具

1. 就业压力

采用陈宇红和江光荣（2009）编制的《大学生就业压力问卷》，一共有 59 个题目，共包含 6 个维度。问卷各项目采用 Likert 5 级评分法计分，1 ～ 5 分别表示无压力、压力较小、压力中等、压力较大、压力很大，被试得分越高表明其压力越大。

此问卷的 6 个维度分别为职业素质评价、就业竞争环境、自我认识与定位、就业心理预期、缺少求职帮助和专业供求矛盾。其中，职业素质评价是指大学生对求职能力的自我效能感，体现在学生对求职时应具备的综合素质是否有信心；就业竞争环境既来自于社会环境，也来自于专业、学校等环境，客观存在的严峻就业形势和激烈的竞争环境是大学生就业压力的主要来源之一；自我认识与定位、就业心理预期，充分体现了大学生对自己的职业兴趣、职业人格、职业角色、职业取向、职业期望、职业发展、工作环境、工作待遇等职业生涯规划的关键性问题感到迷惘；缺少求职帮助，即缺少求职的社会支持，如果大学生感到可利用的求职渠道狭窄，没有良好的社会关系，缺少求职途径和准确的就业信息来源，学校的就业指导不能给予有效的帮助，大学生就会感到较大的心理压力；专业供求矛盾表明大学生对所学专业的就业前景比较关注，如果专业供大于求，就业面狭窄，对口的就业岗位少，就会给大学生造成较大的压力。

《大学生就业压力问卷》在本次研究中的内部一致性 α 系数为 0.967，古特曼分半信度系数和斯皮尔曼-布朗系数均为 0.925，符合心理测量学的要求，信度较高，具有较高的稳定性。6 个因素共解释项目总变异的 48.24%，说明大学生就业压力问卷具有较理想的构想效度。因此，它可以作为测量大学生就业压力的一个较为可靠的工具。

2．职业成熟度

本次采用的是张智勇、荣煜和管延军（2006）编制的《中国大学生职业成熟度量表》。该量表共有 34 个项目，共分为 6 个因素：职业目标、职业自信、职业价值、职业自主、亲友依赖、职业参照。职业目标包含 8 个项目，反映了个体对于自己将来的职业有没有一个清楚的目标；职业自信包含 6 个项目，反映出个体对于职业发展的自信心问题；职业价值包含 6 个项目，反映的是影响个体职业目标选择的因素；职业自主包含 4 个项目，反映个体是否以自己的标准来选择职业；亲友依赖包含 4 个项目，反映职业选择中个体是否依赖亲友的意见；职业参照包含 6 个项目，反映个体选择职业时对比参照他人的行为或意向。

该量表信度较好。在本次研究中的内部一致性 α 系数为 0.747，大于 0.70；古特曼分半信度系数为 0.69。量表的效度表现在两个方面：第一，职业成熟度有明显的关联效标；第二，职业成熟度有较好的预测效度。该问卷的计分方式为 Likert 5 级评分法，使用 1 ～ 5 分范围计分。其中，部分题目是反向计分。1 分表示非常不符合，2 分表示比较不符合，3 分表示难以确定，4 分表示比较符合，5 分表示非常符合。

3．大学生职业生涯规划能力

采用的是裘开国和顾雪英（2010）年编制的《大学生职业生涯规划能力问卷》。该问卷包括5个因子，共26个项目。每个项目分9级记分，分别用“1～9”标示“完全不符合～完全符合”，且只标示两端的语意，中间不标示各个量尺的名称，而只显示其数字。得分越高说明职业生涯规划能力越强。

在26个项目中，确定目标的能力、认识自我的能力各有6个项目；认识环境的能力和制订计划的能力各有5个项目；反馈修正的能力有4个项目。对5种能力因子的定义如下：认识自我的能力主要指通过科学认知的方法和手段，对自己的需要、兴趣、价值观、性格和能力等进行全面认识，清楚自己的优势与不足的能力。认识环境的能力主要指对社会环境因素和职业环境因素清晰认识的能力。前者主要包括对社会的经济环境、文化环境、政治环境等的认识能力；后者主要包括对行业、职业等的认识能力。确定目标的能力主要是指依据自己的主客观条件，确定与自己总体目标相联系、与生活中其他目标相协调、适度的目标的能力。制订计划的能力主要是指从自己的目标出发，制订详细、具体、全面、变通的可行性计划的能力。反馈修正的能力主要是指个体不断地反省自己、审视环境，并随之修正生涯目标和计划的能力。

在本次研究中的α系数为0.952，说明大学生职业生涯规划能力问卷的内部一致性信度是较理想的；古特曼分半信度系数为0.878，斯皮尔曼-布朗系数也为0.878，均达到心理测量学标准。

（三）施测过程与数据分析

本次研究在2016年10月下旬两周内，在4所大学内以班级施测和随机施测相结合的方式，以指导语指导被试填答问卷，当场回收问卷。运用SPSS20.0进行数据处理和分析，统计方法为描述性分析、方差分析、t检验等。

三、研究结果

（一）大学生职业生涯规划能力

从表7-2中可以看出，大学生职业生涯规划能力总体平均分为5.86（5分为理论中值），表明职业生涯规划能力总体水平不是很高，仅为中等水平偏高一点。各因子按大小排列依次为认识自我能力、反馈修正能力、确立目标能力、制订计划能力和认识环境能力。

表 7-2 职业生涯规划能力的平均数与标准差

项目	确立目标	认识自我	认识环境	制订计划	反馈修正	职业生涯规划
M	5.67	7.31	4.33	5.63	6.14	5.86
SD	1.44	1.60	1.29	1.47	1.45	1.22

（二）大学生职业成熟度

从表 7-3 中可以看出，大学生职业成熟度总体平均分为 3.15（3 分为理论中值），表明大学生职业成熟度总体水平中等偏上。各因子按大小排列依次为职业自主、职业参照、职业价值、亲友依赖、职业目标和职业自信。

表 7-3 大学生职业成熟度的平均数与标准差

项目	职业目标	职业自信	职业价值	职业自主	亲友依赖	职业参照	职业成熟度
M	2.99	2.83	3.16	3.56	3.02	3.50	3.15
SD	0.67	0.83	0.74	0.68	0.75	0.60	0.36

（三）大学生就业压力

从表 7-4 的结果看，大学生总就业压力处在中等水平（$M = 3.04$，基本上处于理论中值 3 的水平），与假设基本一致。根据大学生就业压力的来源进行程度由重到轻的排列，依次为缺少求职帮助、就业竞争环境、职业素质评价、专业供求矛盾、就业心理预期、自我认识与定位。

表 7-4 大学生就业压力来源的平均数与标准差

项目	职业素质评价	就业竞争环境	自我认识与定位	就业心理预期	缺少求职帮助	专业供求矛盾	就业压力
M	3.03	3.04	2.98	3.00	3.14	3.01	3.04
SD	0.70	0.66	0.76	0.71	0.73	0.71	0.64

四、讨论

（一）大学生职业生涯规划能力

从表 7-2 的研究结果可以看出，大学生在职业生涯规划能力量表上的得分为 5.86，略高于理论中值 5 分，这表明大学生职业生涯规划能力虽然达到了中等水平，但是总体规划能力还不是很高。这与班兰美等（2013）的研究不一致，他们的研究认为大学生职业生涯规划的总体处于中上水平，而本次研究的结果则属于中等水平。可能是因为他们的研究被试是来自西安市的 4 所高校，而本次研究被试是来自河南省不同城市的 4 所高校，其中因各高校的职业生涯规划辅导水平、人才测评和职业咨询建设的力度、从事职业生涯规划指导的师资队伍素质等方面的不同，可能会导致不同的结果。另外，大学生自身重视不够、规划意识淡薄和自我分析不足等个体差异也可导致研究结果的不同。

对大学生职业生涯规划各因子按分值大小依次排列为认识自我能力、反馈修正能力、确立目标能力、制订计划能力和认识环境能力。其中，认识自我能力得分最高，说明大学生对自己的需要、兴趣、性格、能力以及优劣势等方面的认识能力比较强，自我认识能力比较好。得分最低的是认识环境能力，说明在校大学生对社会环境和职业环境的认识比较差，可能是与长期在校偏重理论学习、缺乏社会课外实践且没有更多的渠道获取社会环境和职业环境的相关信息等因素有关。

（二）职业成熟度

从表 7-3 可以看出，大学生职业成熟度总体平均分为 3.15(3 分为理论中值)。这表明大学生职业成熟度正常但未至良好水准，且各因子分均不高。这与国内熊红星（2006）和朱静怡（2008）的研究结论一致。

各因子按分值大小排列依次为职业自主、职业参照、职业价值、亲友依赖、职业目标和职业自信。在这 6 个因子中，除了“职业目标和亲友依赖”“职业自主和职业依赖”之间的影响关系不显著外，其余的两两之间的制约和影响均显著。其中，职业自主的得分最高，说明学生在职业选择等行为中独立性和自主意识比较强，可以以自己的标准去选择职业；职业自信得分最低，说明大学生对职业发展的自信心不足，这可能是很多大学生偏重理论学习而缺乏实践能力锻炼、自我认识不足、自我定位不清晰和职业规划不到位等因素导致的。

（三）就业压力

从表 7-4 的研究结果来看，大学生总就业压力基本处在中等水平（$M = 3.04$，3 为理论中值），各因子中也在中等水平上下波动。在其他研究中，研究结论为中等偏上的就业压力居多，如车文博（2003）、陈宇红（2005）、田圣会（2010）、刘玥（2013）等的研究结果显示，大学生有较大就业压力或中等偏上水平的就业压力；而乔婷婷(2010）的研究结论则是大学生的就业压力总体上处于中等水平，罗繁荣（2010）的研究结论却是中等偏下水平。其中，研究结论为较大就业压力的研究中的被试为大学毕业生，而本次研究的被试为不同年级的大学生。总的来说，由于经济的快速发展、社会的激烈竞争、高校扩招和择业就业观的偏差等，就业压力会呈现越来越大的趋势。

根据大学生就业压力的来源按照程度由重到轻进行排列，依次为缺少求职帮助、就业竞争环境、职业素质评价、专业供求矛盾、就业心理预期、自我认识与定位。其中，缺少求职帮助得分最高，说明大学生在求职帮助方面和求职支持方面压力最大，大学生可利用的客观渠道狭窄，缺乏广泛的社会关系、精准的就业信息来源、有效的求职途径和学校就业指导时，大学生就会感到较大的心理压力。自我认识与定位得分最低，说明大学生在自我认识与定位上压力最小，可能是由于近几年就业形势的严峻使各地各高校重视职业规划辅导，再加上大学生对自身的分析、比较等因素使其开始重视对自身的认识和定位。

五、小结

河南省大学生的职业生涯规划能力、职业成熟度和大学生就业压力均达到了中等水平。

第三节 大学生职业生涯规划能力、职业成熟度和就业压力的差异

一、研究目的和假设

研究目的：考察大学生职业生涯规划能力、职业成熟度和就业压力在人口统计学变量上的差异。

假设：职业生涯规划能力、职业成熟度及就业压力在性别、年级、院校类别、专业、城乡、政治面貌、是否为学生干部、有无兼职工作、是否独生子女和父母亲文化程度上存在差异。

二、研究方法

同本章第二节。

三、研究结果

（一）在性别上的差异

根据 7-5 表所显示的结果，大学生职业生涯规划能力、职业成熟度和就业压力均不存在性别上的显著差异。在对三变量的具体因子进行独立 t 检验分析中发现：就业压力中的就业心理预期在男、女上存在显著差异（$t = 2.549$，$p = 0.011$），男大学生得分要高于女大学生，这说明男大学生在就业心理预期方面压力要远远高于女大学生。其余的因子均不存在显著的男女差异。

表 7-5 大学生职业生涯规划能力、职业成熟度和就业压力及各因子的性别差异

因变量	男		女		t	p
	M	SD	M	SD		
确立目标能力	5.67	1.47	5.67	1.41	−0.004	0.997
认识自我能力	7.24	1.65	7.38	0.54	−1.058	0.290

续表

因变量	男		女		t	p
	M	SD	M	SD		
认识环境能力	4.38	1.29	4.28	1.30	0.873	0.383
制订计划能力	5.58	1.53	5.70	1.41	−0.995	0.320
反馈修正能力	6.05	1.50	6.25	1.38	−1.646	0.100
职业生涯规划	5.82	1.27	5.89	1.17	−0.672	0.502
职业目标	3.00	0.59	2.98	0.74	0.514	0.608
职业自信	2.83	0.83	2.84	0.83	−0.118	0.906
职业价值	3.13	0.75	3.19	0.74	−1.015	0.311
职业自主	3.53	0.70	3.59	0.67	−0.991	0.322
亲友依赖	2.98	0.76	3.07	0.74	−1.328	0.185
职业参照	3.47	0.60	3.54	0.59	−1.376	0.169
职业成熟度	3.13	0.34	3.17	0.38	−1.139	0.255
职业素质评价	3.06	0.69	2.99	0.72	1.336	0.182
就业竞争环境	3.08	0.68	3.00	0.63	1.466	0.143
自我认识与定位	3.04	0.76	2.92	0.76	1.821	0.069
就业心理预期	3.07	0.74	2.92	0.67	2.549**	0.011
缺少求职帮助	3.16	0.74	3.13	0.72	0.513	0.608
专业供求矛盾	3.01	0.70	3.02	0.71	−0.065	0.949
大学生就业压力	3.07	0.66	2.99	0.62	1.509	0.132

（二）在年级上的差异

以年级为自变量，分别以职业生涯规划能力、职业成熟度和就业压力及其各因子为因变量做单因素的方差分析，结果表明：职业生涯规划能力、职业成熟度和就业压力在年级上均无显著差异；各因子中只有职业成熟度中的亲友依赖（$F = 2.894$，$p = 0.035$）、就业压力中的职业素质评价（$F = 3.434$，$p = 0.017$）和就业心理预期（$F = 2.993$，$p = 0.030$）存在年级上的差异（表 7-6）。然后对具有显著差异的几个维度和因子进行进一步的多项比较检验，结果表明：亲友依赖在大一和大三（$p = 0.012$）、大三和大四（$p = 0.010$）之间差异显著，大一学生的职业成熟度显著低于大三学生的，但大三学生的职业成熟度却显著高于大四学生；职业素质评价在大一和大四（$p = 0.024$）、大二和大三（$p = 0.023$）、大二和大四（$p = 0.011$）之间差异显著。大四学生的职业素质评价方面的就业压力小于大一学生，大三学生的职业素质评价方面的就业压力小于大二学生，大四学

表 7-6 大学生职业生涯规划能力、职业成熟度和就业压力及各因子的年级差异

因变量	大一		大二		大三		大四		F	p
	M	SD	M	SD	M	SD	M	SD		
确立目标能力	5.72	1.50	5.48	1.49	5.77	1.27	5.61	1.42	1.007	0.389
认识自我能力	7.36	1.74	7.29	1.60	7.22	1.39	7.31	1.45	0.223	0.880
认识环境能力	4.42	1.32	4.21	1.26	4.15	1.34	4.55	1.14	2.241	0.082
制订计划能力	5.71	1.52	5.51	1.47	5.55	1.43	5.72	1.40	0.696	0.555
反馈修正能力	6.19	1.47	5.96	1.48	6.11	1.35	6.32	1.48	1.090	0.353
职业生涯规划	5.91	1.30	5.73	1.21	5.80	1.11	5.93	1.16	0.760	0.517
职业目标	3.01	0.54	2.93	0.55	3.01	0.94	3.00	0.66	0.356	0.784
职业自信	2.84	0.80	2.73	0.92	2.91	0.87	2.82	0.68	0.948	0.417
职业价值	3.10	0.73	3.19	0.76	3.29	0.68	3.10	0.86	1.961	0.119
职业自主	3.60	0.66	3.50	0.76	3.52	0.67	3.59	0.68	0.787	0.501
亲友依赖	2.98	0.76	3.04	0.73	3.18	0.74	2.90	0.73	2.894*	0.035
职业参照	3.53	0.59	3.48	0.61	3.47	0.63	3.52	0.54	0.303	0.824
职业成熟度	3.15	0.35	3.12	0.30	3.20	0.45	3.14	0.34	1.197	0.310
职业素质评价	3.08	0.70	3.13	0.71	2.93	0.65	2.87	0.75	3.434*	0.017
就业竞争环境	3.06	0.66	3.13	0.68	2.99	0.61	2.92	0.68	1.878	0.132
自我认识与定位	3.03	0.74	3.06	0.76	2.86	0.79	2.90	0.78	2.167	0.091
就业心理预期	3.06	0.74	3.08	0.70	2.91	0.65	2.85	0.73	2.993*	0.030
缺少求职帮助	3.15	0.73	3.23	0.73	3.12	0.73	3.03	0.76	1.184	0.315
专业供求矛盾	2.96	0.70	3.12	0.75	3.04	0.66	3.01	0.71	1.437	0.231
大学生就业压力	3.07	0.65	3.13	0.67	2.97	0.59	2.92	0.65	2.333	0.073

生的职业素质评价方面的就业压力小于大一学生；就业心理预期在大一和大三（$p = 0.046$）、大一和大四（$p = 0.023$）、大二和大四（$p = 0.028$）之间差异显著，说明就业心理预期压力随着年级的增高而降低。

（三）在学校类别上的差异

如表 7-7 所显示的结果，大学生职业生涯规划能力、职业成熟度和大学生就业压力均不存在学校类别上的显著差异。在对三变量的具体因子进行独立 t 检验分析发现：只有职业生涯规划中的认识环境能力（$t = -3.134$，$p = 0.002$）和职业成熟度中的职业价值（$t = 2.396$，$p = 0.017$）在本科学校和专科学校上存在显著差异。其中，本科生认识环境的能力显著低于专科生认识环境的能力，但本科生的职业价值状况要好于专科生。

表 7-7 大学生职业生涯规划能力、职业成熟度和就业压力及各因子在学校类别上的差异

因变量	本科		专科		t	p
	M	SD	M	SD		
确立目标能力	5.70	1.41	5.64	1.47	0.474	0.636
认识自我能力	7.21	1.51	7.40	1.69	−1.413	0.158
认识环境能力	4.17	1.27	4.51	1.31	−3.134**	0.002
制订计划能力	5.58	1.40	5.70	1.55	−0.966	0.334
反馈修正能力	6.20	1.35	6.08	1.55	1.002	0.317
职业生涯规划	5.80	1.17	5.90	1.28	−0.971	0.332
职业目标	2.94	0.78	3.04	0.52	−1.661	0.097
职业自信	2.84	0.82	2.82	0.84	0.237	0.813
职业价值	3.23	0.72	3.08	0.76	2.396*	0.017
职业自主	3.55	0.65	3.57	0.72	−0.355	0.723
亲友依赖	3.05	0.72	2.99	0.78	1.029	0.304
职业参照	3.53	0.57	3.48	0.63	1.050	0.294
职业成熟度	3.17	0.38	3.14	0.34	0.737	0.462
职业素质评价	3.00	0.71	3.06	0.69	−0.922	0.357
就业竞争环境	3.01	0.65	3.07	0.66	−1.085	0.278
自我认识与定位	2.97	0.80	2.99	0.73	−0.328	0.743
就业心理预期	2.95	0.70	3.06	0.72	−1.772	0.077
缺少求职帮助	3.16	0.75	3.13	0.72	0.476	0.634
专业供求矛盾	3.02	0.69	3.01	0.73	0.274	0.784
大学生就业压力	3.02	0.64	3.06	0.64	−0.782	0.434

（四）在专业上的差异

如表 7-8 所显示的结果，职业成熟度（$t = -2.426$，$p = 0.016$）存在专业上的显著差异，即文科专业职业成熟度不如理工类专业。在对三变量的具体因子进行独立 t 检验分析发现：职业生涯规划中认识环境能力（$t = 2.240$，$p = 0.026$）、制订计划的能力（$t = 1.962$，$p = 0.050$）和反馈修正的能力（$t = 1.978$，$p = 0.048$）均存在显著差异。其中，文科的大学生认识环境能力、制订计划能力和反馈修正能力都要优于理工科的大学生。其余的因子不存在显著的专业类别差异。

表 7-8　大学生职业生涯规划能力、职业成熟度和就业压力及各因子在专业上的差异

因变量	文史类		理工类		t	p
	M	SD	M	SD		
确立目标能力	5.76	1.45	5.62	1.43	1.078	0.282
认识自我能力	7.39	1.55	7.26	1.63	0.911	0.363
认识环境能力	4.50	1.24	4.24	1.32	2.240*	0.026
制订计划能力	5.80	1.41	5.54	1.50	1.962*	0.050
反馈修正能力	6.31	1.44	6.06	1.45	1.978*	0.048
职业生涯规划	5.98	1.21	5.79	1.23	1.838	0.067
职业目标	2.94	0.61	3.02	0.70	−1.420	0.156
职业自信	2.75	0.84	2.88	0.82	−1.875	0.061
职业价值	3.09	0.77	3.20	0.73	−1.793	0.074
职业自主	3.52	0.72	3.58	0.67	−0.928	0.354
亲友依赖	2.96	0.71	3.06	0.77	−1.591	0.112
职业参照	3.53	0.59	3.49	0.60	0.694	0.488
职业成熟度	3.11	0.34	3.18	0.37	−2.426*	0.016
职业素质评价	3.04	0.68	3.02	0.72	0.395	0.693
就业竞争环境	3.06	0.62	3.04	0.68	0.376	0.707
自我认识与定位	3.02	0.73	2.96	0.78	0.863	0.388
就业心理预期	3.02	0.69	2.99	0.73	0.538	0.591
缺少求职帮助	3.17	0.69	3.13	0.76	0.582	0.561
专业供求矛盾	3.01	0.65	3.02	0.74	−0.188	0.851
大学生就业压力	3.05	0.62	3.03	0.66	0.492	0.623

（五）在家庭居住地上的差异

如表 7-9 所显示的结果，大学生职业生涯规划能力、职业成熟度和就业压力均不存在家庭居住地上的显著差异。在对三变量的具体因子进行独立 t 检验分析发现：各因子也不存在显著的差异。

表 7-9　大学生职业生涯规划能力、职业成熟度和就业压力及各因子在家庭居住地上的差异

因变量	城镇		农村		t	p
	M	SD	M	SD		
确立目标能力	5.74	1.37	5.65	1.46	0.659	0.510
认识自我能力	7.20	1.59	7.34	1.60	−0.915	0.361
认识环境能力	4.37	1.21	4.32	1.32	0.430	0.668
制订计划能力	5.65	1.43	5.63	1.49	0.144	0.886

续表

因变量	城镇		农村		t	p
	M	SD	M	SD		
反馈修正能力	5.98	1.48	6.20	1.44	−1.535	0.125
职业生涯规划	5.83	1.17	5.86	1.24	−0.256	0.798
职业目标	3.08	0.92	2.96	0.56	1.826	0.068
职业自信	2.88	0.85	2.81	0.82	0.841	0.401
职业价值	3.11	0.80	3.18	0.72	−1.006	0.315
职业自主	3.48	0.73	3.59	0.67	−1.687	0.092
亲友依赖	3.01	0.81	3.03	0.73	−0.255	0.799
职业参照	3.45	0.60	3.52	0.59	−1.360	0.175
职业成熟度	3.15	0.44	3.16	0.33	−0.059	0.953
职业素质评价	3.03	0.73	3.02	0.70	0.055	0.956
就业竞争环境	3.08	0.71	3.03	0.64	0.703	0.483
自我认识与定位	3.02	0.80	2.97	0.75	0.719	0.472
就业心理预期	3.02	0.75	3.00	0.70	0.401	0.689
缺少求职帮助	3.11	0.78	3.15	0.72	−0.560	0.576
专业供求矛盾	3.07	0.76	3.00	0.69	1.138	0.256
大学生就业压力	3.05	0.70	3.03	0.62	0.375	0.708

（六）在政治面貌上的差异

以政治面貌为自变量，分别以职业生涯规划能力、职业成熟度和就业压力及其各因子为因变量做单因素的方差分析。总的来说，只有大学生就业压力在政治面貌上呈现显著差异，进行多项比较检验事后比较发现：在就业压力上，党员和共青团员呈显著差异，党员和群众也呈现显著差异。其中，大学生就业压力党员最小，群众最大。共青团员和群众没有显著差异。

在表 7-10 各因子中，大学生职业生涯规划中的反馈修正能力（$F = 3.833$，$p = 0.022$）、职业成熟度中的职业目标（$F = 3.894$，$p = 0.021$）、就业压力中的职业素质评价（$F = 6.045$，$p = 0.003$）和自我认识与定位（$F = 3.714$，$p = 0.025$）存在政治面貌上的差异。对具有显著差异的因子进行进一步的多项比较检验，结果表明：反馈修正能力在党员和群众之间差异显著（$p = 0.016$），群众在反馈修正上的能力不如党员；职业目标在共青团员和群众之间差异显著（$p = 0.007$），共青团员的职业目标得分不如群众的得分；职业素质评价在党员和共青团员

表 7-10　大学生职业生涯规划能力、职业成熟度和就业压力及各因子在政治面貌上的差异

因变量	党员		共青团员		群众		F	p
	M	SD	M	SD	M	SD		
确立目标能力	5.86	1.55	5.66	1.44	5.71	1.39	0.240	0.787
认识自我能力	7.53	1.66	7.29	1.60	7.43	1.51	0.349	0.706
认识环境能力	4.90	1.27	4.30	1.29	4.49	1.34	2.710	0.067
制订计划能力	5.90	1.32	5.64	1.45	5.30	2.15	0.961	0.383
反馈修正能力	6.70	1.45	6.14	1.42	5.53	1.89	3.833*	0.022
职业生涯规划	6.20	1.30	5.84	1.21	5.77	1.40	1.053	0.349
职业目标	3.08	0.83	2.97	0.66	3.36	0.61	3.894*	0.021
职业自信	3.06	0.80	2.83	0.82	2.76	0.95	1.052	0.350
职业价值	3.21	0.85	3.17	0.74	2.89	0.83	1.515	0.221
职业自主	3.57	0.68	3.56	0.67	3.45	0.94	0.269	0.765
亲友依赖	3.02	0.69	3.04	0.75	2.70	0.86	2.067	0.128
职业参照	3.69	0.56	3.50	0.59	3.50	0.75	1.223	0.295
职业成熟度	3.26	0.45	3.15	0.36	3.13	0.35	1.071	0.343
职业素质评价	2.61	0.80	3.04	0.69	3.28	0.72	6.045**	0.003
就业竞争环境	2.81	0.73	3.05	0.65	3.16	0.65	1.886	0.153
自我认识与定位	2.61	0.78	2.99	0.76	3.18	0.65	3.714*	0.025
就业心理预期	2.78	0.75	3.00	0.71	3.22	0.61	2.294	0.102
缺少求职帮助	2.97	0.76	3.14	0.73	3.39	0.68	2.016	0.134
专业供求矛盾	2.91	0.77	3.01	0.70	3.31	0.72	2.213	0.110
大学生就业压力	2.76	0.68	3.04	0.64	3.25	0.63	3.585*	0.028

（$p = 0.003$）、党员和群众（$p = 0.001$）之间差异显著，党员在职业素质评价上的就业压力最小，其次是共青团员，就业压力最大的是群众；自我认识与定位也是在党员和共青团员（$p = 0.015$）、党员和群众（$p = 0.011$）之间差异显著，在此方面就业压力最小的依旧是党员，就业压力最大的是群众。

（七）在是否为学生干部上的差异

以是否为学生干部为自变量，分别以职业生涯规划能力、职业成熟度和就业压力及其各因子为因变量做独立样本 t 检验，结果显示：总的来说，大学生职业生涯规划、职业成熟度和大学生就业压力在是否为学生干部上均不存在显著差异。

如表 7-11 所示，在对三变量的具体因子进行独立 t 检验分析发现：大学生职业生涯规划中的认识环境能力存在着显著差异（$p = 0.031$）；职业成熟度中的职

表 7-11　大学生职业生涯规划能力、职业成熟度和就业压力及各因子在是否为学生干部上的差异

因变量	是		否		t	p
	M	SD	M	SD		
确立目标能力	5.77	1.51	5.62	1.40	1.220	0.223
认识自我能力	7.44	1.71	7.24	1.54	1.429	0.154
认识环境能力	4.50	1.32	4.25	1.28	2.160*	0.031
制订计划能力	5.76	1.50	5.57	1.46	1.488	0.137
反馈修正能力	6.21	1.54	6.11	1.40	0.739	0.460
职业生涯规划	5.98	1.29	5.80	1.18	1.682	0.093
职业目标	3.03	0.64	2.97	0.68	0.918	0.359
职业自信	2.95	0.84	2.77	0.81	2.397*	0.017
职业价值	3.15	0.77	3.17	0.73	−0.286	0.775
职业自主	3.55	0.72	3.56	0.67	−0.135	0.893
亲友依赖	3.01	0.73	3.02	0.76	−0.160	0.873
职业参照	3.52	0.60	3.49	0.60	0.509	0.611
职业成熟度	3.18	0.38	3.14	0.35	1.340	0.181
职业素质评价	2.93	0.74	3.08	0.68	−2.421*	0.016
就业竞争环境	3.03	0.70	3.05	0.64	−0.448	0.654
自我认识与定位	2.94	0.76	3.00	0.77	−0.799	0.425
就业心理预期	2.97	0.73	3.02	0.70	−0.735	0.462
缺少求职帮助	3.14	0.73	3.14	0.74	−0.090	0.928
专业供求矛盾	2.98	0.74	3.03	0.69	−0.845	0.399
大学生就业压力	2.99	0.66	3.06	0.64	−1.154	0.249

业自信存在着显著差异（$p = 0.017$）；就业压力中的职业素质评价存在显著的差异（$p = 0.016$）。身为学生干部的大学生在认识环境能力、职业自信和职业素质评价方面的状况都明显好于非学生干部的大学生。

（八）在有无兼职工作上的差异

以有无兼职工作为自变量，分别以职业生涯规划能力、职业成熟度和就业压力及其各因子为因变量做单因素方差分析。结果发现，只有职业生涯规划在是否有无兼职工作上呈现显著差异，进一步事后比较表明：在职业生涯规划上，有兼职工作且与专业相关的大学生和无兼职工作的大学生呈显著差异（$p = 0.011$），有且与专业相关兼职工作的大学生在职业规划能力上要优于无兼职工作的大学生。

在各因子中，大学生职业生涯规划中的认识环境能力（$F = 3.429, p = 0.033$）和制订计划能力（$F = 4.180, p = 0.016$）、就业压力中的职业素质评价（$F = 3.100$，$p = 0.046$）存在有无兼职工作上的差异。进一步事后比较表明：认识环境能力在有且与专业相关兼职工作和无兼职工作的大学生之间差异显著（$p = 0.025$），有且与专业相关兼职工作的大学生的认识环境能力优于无兼职工作的大学生；制订计划能力在有且与专业相关兼职工作和无兼职工作的大学生之间差异显著（$p = 0.005$），有且与专业相关兼职工作的大学生的制订计划能力要优于无兼职工作的大学生；就业压力中的职业素质评价也是在有且与专业相关兼职工作和无兼职工作的大学生之间差异显著（$p = 0.016$），有且与专业相关兼职工作的大学生在职业素质评价上的压力要明显小于无兼职工作的大学生（表 7-12）。

表 7-12　大学生职业生涯规划能力、职业成熟度和就业压力及各因子在有无兼职工作上的差异

因变量	有，专业不相关		有，专业相关		无		F	p
	M	SD	M	SD	M	SD		
确立目标能力	5.60	1.45	6.02	1.19	5.62	1.48	2.836	0.059
认识自我能力	7.27	1.62	7.49	1.35	7.28	1.65	0.619	0.539
认识环境能力	4.32	1.32	4.67	1.15	4.26	1.31	3.429*	0.033
制订计划能力	5.69	1.50	6.03	1.19	5.52	1.51	4.180*	0.016
反馈修正能力	6.13	1.40	6.48	1.26	6.07	1.50	2.690	0.069
职业生涯规划	5.84	1.25	6.17	1.03	5.80	1.25	3.283	0.038
职业目标	2.99	0.62	3.09	1.04	2.97	0.56	1.079	0.341
职业自信	2.79	0.84	2.79	0.80	2.86	0.83	0.421	0.656
职业价值	3.17	0.76	3.05	0.80	3.19	0.73	1.192	0.304
职业自主	3.57	0.64	0.56	0.68	3.55	0.70	0.043	0.958
亲友依赖	3.01	0.68	2.92	0.82	3.05	0.76	1.069	0.344
职业参照	3.52	0.57	3.52	0.62	3.50	0.60	0.117	0.890
职业成熟度	3.15	0.37	3.14	0.42	3.16	0.34	0.095	0.909
职业素质评价	3.00	0.66	2.87	0.73	3.08	0.71	3.100*	0.046
就业竞争环境	3.04	0.62	2.93	0.69	3.07	0.66	1.642	0.195
自我认识与定位	2.96	0.69	2.87	0.84	3.02	0.77	1.392	0.249
就业心理预期	3.01	0.71	2.88	0.73	3.03	0.71	1.537	0.216
缺少求职帮助	3.14	0.74	2.99	0.72	3.18	0.73	2.213	0.110
专业供求矛盾	2.99	0.66	2.91	0.77	3.05	0.71	1.456	0.234
大学生就业压力	3.02	0.62	2.90	0.67	3.07	0.64	2.368	0.095

（九）在是否独生子女上的差异

以是否为独生子女为自变量，分别以职业生涯规划能力、职业成熟度和就业压力及其各因子为因变量做独立样本 t 检验，结果显示：总的来说，大学生职业生涯规划、职业成熟度和大学生就业压力在是否为独生子女上均不存在显著差异。

对三变量的具体因子进行独立 t 检验分析发现，只有职业成熟度中的职业参照存在着显著差异（$p = 0.025$），独生子女的职业参照状况不如非独生子女的大学生（表 7-13）。

（十）在父亲文化程度上的差异

以父亲的文化程度为自变量，分别以职业生涯规划能力、职业成熟度和就

表 7-13　大学生职业生涯规划能力、职业成熟度、就业压力及各因子在是否独生子女上的差异

因变量	是		否		t	p
	M	SD	M	SD		
确立目标能力	5.63	1.44	5.68	1.44	−0.342	0.732
认识自我能力	7.02	1.69	7.36	1.58	−1.929	0.054
认识环境能力	4.27	1.28	4.35	1.30	−0.557	0.578
制订计划能力	5.54	1.45	5.65	1.48	−0.674	0.500
反馈修正能力	5.96	1.51	6.18	1.43	−1.343	0.180
职业生涯规划	5.72	1.21	5.88	1.23	−1.188	0.235
职业目标	2.98	0.64	2.99	0.67	−0.127	0.899
职业自信	2.88	0.84	2.82	0.83	0.631	0.528
职业价值	3.14	0.70	3.16	0.75	−0.245	0.807
职业自主	3.52	0.69	3.56	0.68	−0.564	0.573
亲友依赖	3.11	0.72	3.01	0.76	1.200	0.231
职业参照	3.38	0.59	3.53	0.59	−2.255*	0.025
职业成熟度	3.14	0.37	3.16	0.36	−0.375	0.708
职业素质评价	2.92	0.72	3.05	0.70	−1.581	0.114
就业竞争环境	2.94	0.68	3.06	0.65	−1.671	0.095
自我认识与定位	2.87	0.77	3.00	0.76	−1.600	0.110
就业心理预期	2.93	0.72	3.02	0.71	−1.076	0.282
缺少求职帮助	3.05	0.76	3.16	0.73	−1.372	0.171
专业供求矛盾	2.90	0.71	3.04	0.70	−1.693	0.091
大学生就业压力	2.94	0.68	3.06	0.64	−1.651	0.099

业压力及其各因子为因变量做单因素的方差分析。总的来说，职业生涯规划能力、职业成熟度和就业压力均无显著差异。

如表 7-14 所示，在各因子中，大学生职业生涯规划中的认识环境能力（$F = 3.979$，$p = 0.003$）和制订计划能力（$F = 3.252$，$p = 0.012$）、职业成熟度中的职业价值（$F = 4.275$，$p = 0.002$）在父亲文化程度上存在显著差异。然后对具有显著差异的因子进行进一步的多项比较检验，结果表明：在认识环境能力方面，父亲文化程度是文盲的与其他文化程度的均差异显著，即文盲与大专以上（$p = 0.001$）、文盲与中专或高中（$p = 0.001$）、文盲与初中（$p = 0.007$）、文盲与小学（$p = 0.007$）。父亲文化程度与大学生认识环境能力基本上呈正相关关系，即父亲的文化程度越高，其孩子的认识环境能力基本上就越强；在制订计划能力方面，也是父亲文化程度是文盲的与其他文化程度的均差异显著，即文盲与大专以上

表 7-14　大学生职业生涯规划能力、职业成熟度和就业压力及各因子在父亲文化程度上的差异

因变量	大专以上		中专或高中		初中		小学		文盲		*F*	*p*
	M	*SD*	*M*	*SD*	*M*	*SD*	*M*	*SD*	*M*	*SD*		
确立目标能力	6.03	1.45	5.73	1.42	5.56	1.39	5.75	1.58	4.95	0.96	1.597	0.174
认识自我能力	7.50	1.79	7.32	1.61	7.24	1.57	7.43	1.53	6.31	2.03	1.125	0.344
认识环境能力	4.60	1.37	4.53	1.20	4.23	1.31	4.26	1.33	2.91	0.68	3.979**	0.003
制订计划能力	5.86	1.71	5.87	1.36	5.52	1.48	5.56	1.47	4.29	1.18	3.252*	0.012
反馈修正能力	6.15	1.76	6.25	1.42	6.11	1.40	6.09	1.46	5.64	1.74	0.493	0.741
职业生涯规划	6.08	1.45	5.97	1.20	5.77	1.17	5.87	1.26	4.85	0.93	2.243	0.063
职业目标	3.12	0.65	3.09	0.84	2.91	0.54	2.98	0.63	2.98	0.62	2.145	0.074
职业自信	2.76	0.87	2.84	0.86	2.77	0.80	3.00	0.81	2.71	0.93	1.457	0.214
职业价值	3.06	0.89	3.00	0.75	3.20	0.70	3.34	0.73	3.57	0.64	4.275**	0.002
职业自主	3.57	0.89	3.58	0.67	3.55	0.66	3.55	0.65	3.55	0.65	0.275	0.894
亲友依赖	2.93	0.90	2.92	0.81	3.07	0.71	3.07	0.69	3.50	0.63	1.889	0.111
职业参照	3.57	0.69	3.48	0.56	3.51	0.61	3.55	0.55	3.02	0.79	1.502	0.200
职业成熟度	3.16	0.41	3.14	0.41	3.14	0.30	3.23	0.40	3.15	0.31	1.225	0.299
职业素质评价	2.98	0.68	3.00	0.75	3.08	0.70	2.95	0.65	2.93	0.87	0.814	0.517
就业竞争环境	3.14	0.56	3.03	0.72	3.05	0.67	3.00	0.56	2.90	0.69	0.440	0.780
自我认识与定位	2.97	0.83	2.93	0.77	3.05	0.76	2.91	0.75	2.94	0.82	0.882	0.474
就业心理预期	3.06	0.67	3.00	0.75	2.91	0.71	2.91	0.67	2.76	0.85	0.862	0.486
缺少求职帮助	3.10	0.68	3.12	0.78	3.20	0.72	3.08	0.70	2.84	0.70	0.968	0.425
专业供求矛盾	3.05	0.72	3.04	0.72	3.03	0.71	2.93	0.67	2.91	0.82	0.510	0.728
就业压力	3.05	0.62	3.02	0.67	3.08	0.65	2.97	0.58	2.88	0.75	0.670	0.613

（$p = 0.009$）、文盲与中专或高中（$p = 0.005$）、文盲与初中（$p = 0.028$）、文盲与小学（$p = 0.026$）。父亲文化程度是大专以上与中专或高中的大学生制订计划能力最高，其次是初中和小学，最差的是文盲；在职业价值方面，就父亲文化程度而言，大专以上与小学之间（$p = 0.041$）、中专或高中与初中（$p = 0.008$）、中专或高中与小学（$p < 0.001$）、中专或高中与文盲（$p = 0.045$）之间的差异显著。而职业价值得分最高的却是父亲为文盲的大学生。

（十一）在母亲文化程度上的差异

以母亲的文化程度为自变量，分别以职业生涯规划能力、职业成熟度和就业压力及其各因子为因变量做单因素的方差分析。总的来说，只有职业生涯规划能力的差异显著（$F = 3.020$，$p = 0.018$）。然后进行事后多项比较检验表明：在职业生涯规划方面，就大学生母亲文化程度而言，大专以上与小学（$p = 0.033$）、大专以上与文盲（$p = 0.009$）、中专或高中与小学（$p = 0.028$）、中专或高中与文盲（$p = 0.014$）、初中与文盲（$p = 0.032$）之间均呈现显著差异。母亲文化程度与子女职业生涯规划能力呈显著的正相关，即母亲的文化程度越高，其子女的职业生涯规划能力越强（表 7-15）。

在各因子中，大学生职业生涯规划中的确立目标能力（$F = 3.221$，$p = 0.012$）、认识环境能力（$F = 2.884$，$p = 0.022$）和制订计划能力（$F = 3.015$，$p = 0.018$）、职业成熟度中的职业价值（$F = 2.539$，$p = 0.039$）和职业自主（$F = 2.439$，$p = 0.046$）在母亲文化程度上存在显著差异。然后对具有显著差异的因子进行进一步的多项比较检验，结果表明：在确立目标方面，母亲文化程度是文盲的与其他文化程度的均差异显著，即文盲与大专以上（$p = 0.001$）、文盲与大专或高中（$p = 0.011$）、文盲与初中（$p = 0.007$）、文盲与小学（$p = 0.047$）；且小学与大专以上（$p = 0.020$）也存在显著差异。在认识环境能力方面，母亲文化程度而言，大专以上和初中（$p = 0.016$）、大专以上和小学（$p = 0.015$）、大专以上和文盲（$p = 0.010$）、中专或高中和文盲（$p = 0.046$）之间均差异显著；在制订计划能力方面，就母亲文化程度而言，大专以上和小学（$p = 0.037$）、中专或高中与小学（$p = 0.004$）、中专或高中与文盲（$p = 0.047$）之间的差异显著；在职业价值方面，就母亲文化程度而言，中专或高中和初中（$p = 0.015$）、中专或高中与小学

表 7-15 大学生职业生涯规划能力、职业成熟度和就业压力及各因子在母亲文化程度上的差异

因变量	大专以上		中专或高中		初中		小学		文盲		F	p
	M	SD	M	SD	M	SD	M	SD	M	SD		
确立目标	6.20	1.63	5.72	1.41	5.74	1.41	5.53	1.42	4.87	1.47	3.221*	0.012
认识自我	7.60	2.06	7.49	1.53	7.35	1.56	7.10	1.56	6.83	1.88	1.763	0.135
认识环境	4.88	1.41	4.53	1.11	4.27	1.32	4.24	1.31	3.92	1.49	2.884*	0.022
制订计划	5.99	1.88	5.89	1.37	5.66	1.52	5.37	1.35	5.20	1.31	3.015*	0.018
反馈修正	6.07	2.13	6.24	1.29	6.26	1.41	5.97	1.40	5.51	1.73	2.100	0.079
职业生涯规划	6.21	1.68	6.01	1.13	5.89	1.23	5.68	1.15	5.30	1.15	3.020*	0.018
职业目标	3.22	0.60	3.03	0.95	3.00	0.58	2.93	0.52	2.74	0.71	2.013	0.091
职业自信	2.79	1.07	2.80	0.80	2.82	0.83	2.92	0.76	2.67	1.02	0.756	0.554
职业价值	3.01	0.94	3.00	0.79	3.20	0.74	3.21	0.69	3.40	0.50	2.539*	0.039
职业自主	3.36	0.93	3.66	0.68	3.60	0.64	3.47	0.65	3.37	0.90	2.439*	0.046
亲友依赖	2.79	0.95	2.93	0.78	3.07	0.74	3.02	0.67	3.27	0.87	2.024	0.090
职业参照	3.41	0.84	3.49	0.56	3.51	0.59	3.57	0.57	3.25	0.56	1.629	0.165
职业成熟度	3.11	0.38	3.13	0.42	3.17	0.36	3.17	0.29	3.07	0.48	0.787	0.534
职业素质评价	2.97	0.80	2.99	0.71	3.05	0.67	3.03	0.72	2.99	0.85	0.238	0.917
就业竞争环境	3.13	0.67	3.05	0.72	3.06	0.63	3.01	0.64	2.91	0.73	0.465	0.761
自我认识与定位	2.99	0.86	2.98	0.82	3.02	0.75	2.91	0.73	3.05	0.76	0.501	0.735
就业心理预期	3.02	0.73	3.02	0.73	3.04	0.70	2.94	0.72	2.88	0.82	0.653	0.625
缺少求职帮助	3.06	0.73	3.08	0.79	3.17	0.71	3.16	0.72	3.07	0.86	0.464	0.762
专业供求矛盾	2.95	0.79	3.05	0.76	3.03	0.69	3.00	0.67	2.90	0.71	0.310	0.871
大学生就业压力	3.03	0.72	3.02	0.69	3.06	0.62	3.01	0.61	2.97	0.77	0.223	0.926

（$p = 0.024$）、中专或高中与文盲（$p = 0.025$）之间的差异显著。但是在职业自主方面，进行多重比较后没有显著差异，按不显著处理。其中，在确立目标方面、认识环境方面和制订计划方面，母亲文化程度越高，其子女的能力越强（表 7-15）。

四、讨论

（一）在性别上的讨论

根据表 7-5 的结果可知，在大学生职业生涯规划能力方面，总分及各因子均不存在性别上的显著差异。这与班兰美等（2013）的研究结论是一致的，可能是由于在提倡男女平等的社会，女性尤其是文化程度较高的女大学生，具有较高的抱负水平。

在职业成熟度方面，总分及各因子也均不存在性别上的显著差异。这与林幸台（1983）、Westbrook（1990）和郑海燕等（2006）的研究结论是一致的。关于职业成熟度存在的性别差异，许多国内外的研究结论不一致。如国外的Luzzo（1995）、Rojewski等（1995）和国内的陈丽娟（1982）、李锡津（1993）等通过研究发现，男大学生的职业成熟度要显著低于女大学生。而熊红星（2006）、张智勇（2006）、杨玲（2007）、樊潇潇（2009）等的研究结论却是，总体上男性大学生的职业成熟度明显高于女性。关于职业成熟度的男女差异的研究，没有得到相当一致的观点。

在就业压力方面，本次研究的总体就业压力在男女性别上不存在显著差异，这与罗繁荣（2010）的结论是一致的。但在就业心理预期上，本次研究的结论是男大学生得分要高于女大学生。这说明在就业心理预期方面，男生压力远大于女生。这可能是男大学生在就业问题上普遍考虑得比较全面和长远，并且需要赚钱养家等观念使其生活压力大于女生。在他人的研究中，陈宇红（2005）、赵丹娣（2008）和王峰（2008）的研究发现，女大学生的就业压力明显大于男大学生。而舒晓丽（2006）、陈俊（2008）和朱晓娣（2008）等研究发现，男性的就业压力要显著大于女性。

（二）在年级上的讨论

在职业生涯规划能力方面，总分和各因子均不存在显著的年级差异。这与班兰美等（2013）的研究结论不一致，可能是和各高校从大一开始就对大学生的职业生涯规划的重视有关，日后的大学生活只是根据最初的职业规划进行局部调整。

在职业成熟度方面，总体上也不存在显著的年级差异，这不同于Herr和Enderlein（1976）的研究结果："职业成熟度随年级的增长而直线上升。"但熊红星（2006）、郑海燕（2006）发现，毕业生的职业成熟度要高于非毕业生的职业成熟度，但在其他年级之间并不存在显著差异。

但在亲友依赖上，大一和大三、大三和大四之间差异显著，大一学生的职业成熟度显著低于大三学生，但大三学生的职业成熟度显著高于大四学生。这可能是由于对于在本专科院校的大学生来说，大三意味着马上面临实习；他们在大三这一年已经开始重视并确定今后的职业发展方向，如想就业的大学生会在大四去实习前考虑并确定自己适合何种类型的工作，想考研继续深造的同学可能会在大四实习期进行考研准备，所以他们会考虑来自亲友家人的支持、自身的特点及可获得的资源来选择职业类型。另外，专科一般是三年制，大三对于专科院校的大学生来说是最后一年，所以本次研究中在亲友依赖方面，大三学生的职业成熟度最高。

在就业压力方面，大学生就业压力总体上没有显著的年级差异。这说明不管是大学几年级的学生都能够感受到就业压力，这个和罗繁荣（2010）、刘玥（2013）的研究结论是一致的。陈宇红（2005）则发现大学三年级和大学四年级的大学生存在着显著的就业压力。

但因子分析在职业素质评价和就业心理预期存在年级上的显著差异。根据分析结果可知，职业素质评价在大一和大四、大二和大三、大二和大四之间差异显著。其中，大四学生的职业素质评价方面的就业压力小于大一学生，大三学生在职业素质评价方面的就业压力小于大二学生，大四学生的职业素质评价方面的就业压力小于大一学生。这可能是职业素质随年级、年龄和阅历的增加而增强，所以在这方面的压力整体上来说呈现随年级增高而减小的趋势。

就业心理预期在大一和大三、大一和大四、大二和大四之间显著，且就业心理预期压力也是随年级的增高而减小，这可能是随着大学生年龄和阅历的增长，其自我认知能力逐步提高，自我定位逐渐清晰，使其就业心理预期越来越贴近实际，因此其体验到的压力也随之越来越小。

（三）在学校类别上的讨论

根据表 7-7 中结果所示，大学生职业生涯规划能力总体上不存在学校类别上的显著差异。也就是说，不管是本科大学生还是专科大学生，都具备着中等稍微偏上的职业生涯规划能力，二者并无太大差异。但职业生涯规划中的认识环境能力在本科学校和专科学校上存在显著差异，且本科大学生认识环境的能力低于专科大学生认识环境的能力。这可能是相比于本科学校，专科学校的大学生学得比较“专”且重视实践操作能力，社会实践活动较多，比较贴近社会职业环境，所以专科大学生认识环境能力要高于本科大学生。

职业成熟度总体上也不存在学校类别上的显著差异。这同刘利敏（2009）的研究结论一致。但职业成熟度中的职业价值在本科学校和专科学校上存在显著差异，本科大学生的职业价值状况要好于专科大学生，这说明在影响职业目标选择的因素方面，本科大学生的选择更加科学，他们更加倾向于去选择有利于自身发展的职业。

大学生就业压力总体上以及各因子在本科生和专科生之间均不存在显著的差异。无论是本科生还是专科生在就业压力如此严峻的大环境下，都承受着巨大的就业压力。

（四）在专业上的讨论

根据表 7-8 中结果所示，大学生职业生涯规划能力总体上不存在专业上的显著差异，这与李丽芳（2016）的研究结论一致。李丽芳发现，不同学科的大学生的职业规划差异不显著。但本次研究与金科（2008）的研究结论不一致，金科的研究表明文科生的生涯规划优于理科生，他认为："当前社会对技术类人才需求较大，理科大学生的就业形势相对于文科生来说较为乐观，所以文科生更加积极地投入到生涯规划中去。"本次研究的被试是来自河南省 4 所高校的大学生，河南省人口众多、就业岗位的严重不足和经济的快速发展等因素使得就业形势尤其严峻，无论是何种专业的大学生在巨大的就业压力下，都会更加积极地投入职业生涯规划中。

在职业生涯规划各因子中，认识环境能力、制订计划的能力和反馈修正的能力均存在专业上的显著差异。其中，文史类大学生的认识环境能力、制订计划能力和反馈修正能力都要优于理工科。相比于理工科大学生而言，文科的大学生思想和思维会更加灵活和开放些，他们对社会环境和职业环境了解较多，制订计划时会更加贴近现实情况，并可以根据实际情况及时、灵活地进行修正，这些因素可能会使以上三种能力高于理工科大学生。

职业成熟度总体上存在显著的专业差异，各因子不存在显著的专业差异，文史类大学生职业成熟度不如理工科大学生。这同郑海燕（2006）、刘利敏（2009）、刘玥（2013）等的研究结论是一致的。理工科专业应用性强，适用面广，社会需求量大，理工科大学生可以从容地选择自己想要从事的工作。

大学生就业压力总体及各因子均不存在专业上的显著差异。这同陈宇红（2005）、陈俊（2008）、罗繁荣（2010）和刘玥（2013）等的研究结论是一致的。在如此严峻的就业压力大环境下，各专业的大学生都不会感到轻松。

（五）在家庭居住地上的讨论

根据表 7-9 中结果所示：大学生职业生涯规划能力、职业成熟度和大学生就业压力及各因子均不存在家庭居住地上的显著差异。

在职业生涯规划能力方面，本次研究的结论与张微（2006）是一致的，这可能是河南省大学生沉浸在相同或相似的学校氛围中，之前生活地区所造成的差异逐渐减小，所以不存在显著的城乡差异。也有美国学者研究 10～12 年级学生，指出城乡地区职业生涯成熟度并无差异（史雨，2002）；但萨帕（1992）以高中生为研究对象时却发现乡村地区的职业生涯发展程度较高。

职业成熟度从总体来说并不存在显著的城乡差异，这一点与罗繁荣（2010）和刘玥（2013）的研究结论是一致的。但是他们的研究中有因子在城乡上呈显著差异，如独立性和自信心等。本次研究职业成熟度各维度与罗繁荣和刘玥的维度有所不同，所以在这里不予讨论。

在本次研究中，大学生就业压力从总体上来说不存在显著的城乡差异，这一点与以往的一些研究结论（陈宇红，2005；陈俊，2008；罗繁荣，2010）是不一致的。这可能是在河南省人口众多且就业形势严峻的情况下，无论是来自农村的大学生还是来自城市的大学生均有就业压力。

（六）在政治面貌上的讨论

在政治面貌上，大学生职业生涯规划能力和职业成熟度总体上不存在显著差异。但大学生就业压力总体存在着显著差异，党员分别与共青团员、群众差异显著。在大学生就业压力上，党员最小，群众最大。这说明党员在就业方面是有优势的，可能从整体上来说，这与党员的自身严格要求、能力较强、思想觉悟较高等方面有关系。

（七）在是否为学生干部上的讨论

总的来说，大学生职业生涯规划能力、职业成熟度和大学生就业压力在是否为学生干部上均不存在显著差异。

在各因子中，职业生涯规划中的认识环境能力、职业成熟度中的职业自信和就业压力中的职业素质评价存在显著差异。身为学生干部的大学生在认识环境能力、职业自信方面和职业素质评价方面的状况都明显好于非学生干部的大学生，这说明他们在担任学生干部期间得到了更多的锻炼和成长，使其在这三个方面更有优势。

（八）在有无兼职工作上的讨论

职业生涯规划能力总体上在有无兼职工作上呈现显著差异，有兼职且与专业相关的大学生和无兼职工作的大学生呈显著差异，并且有兼职且与专业相关的大学生在职业规划能力上要优于无兼职工作的大学生。这可能是从事与专业相关兼职的大学生对本专业认可度较高，也有想从事与本专业相关工作的想法，所以他们才会选择一些与专业相关的兼职锻炼自己、发展自己。因此，他们的职业生涯规划能力就会较强。这也说明适当地从事与专业相关的兼职或实习，可以使大学生更加了解与专业相关的发展前景及社会状况，从而有利于大学生进行职业生涯规划。

（九）在是否为独生子女上的讨论

大学生职业生涯规划能力总体上不存在是否为独生子女上的显著差异。但在职业成熟度总体上的结论与朱静怡（2008）的结论不一致。她的研究发现，独生子女在职业成熟度总体上的得分显著高于非独生子女。但是熊红星（2006）、郑海燕（2006）和罗繁荣（2010）的研究发现，非独生子女大学生职业成熟度的总得分显著高于独生子女。本次研究在就业压力总体上在是否为独生子女上不存在显著差异。这一点与刘玥（2013）的研究结论一致。

在本次研究中，大学生职业生涯规划能力、职业成熟度和就业压力总体上在是否为独生子女上均不存在显著差异，这可能是随着时代的发展，无论是独生子女还是非独生子女都受到父母和其他人更多的关注，再加上人们平等思想的发展，使独生子女和非独生子女之间的差异逐渐变小。

（十）在父亲文化程度上的讨论

大学生职业生涯规划能力、职业成熟度和就业压力总体上在父亲文化程度上均不存在显著差异。在各因子中，职业生涯规划中的认识环境能力方面、制订计划能力和职业成熟度中的职业价值在父亲文化程度上均差异显著。

在认识环境能力方面，父亲文化程度是文盲的大学生与父亲是其他文化程度的大学生均差异显著。父亲是文盲的大学生在认识环境的能力上均显著不如父亲是其他文化程度的大学生，且父亲文化程度与大学生认识环境的能力基本呈正相关关系。也就是说，大学生认识环境的能力随着父亲文化程度的增高而增强。

在制订计划能力方面，父亲文化程度是文盲的大学生与父亲是其他文化程度的大学生均差异显著。可以看出，当父亲文化程度是中专（或高中）及其以上时，大学生制订计划的能力最高，其次是初中和小学，最差的是文盲。

在职业价值方面，就父亲文化程度而言，大专以上与小学、中专或高中与初中、中专或高中与小学、中专或高中与文盲之间的均差异显著。但职业价值得分最高的却是父亲为文盲的大学生，这说明这些大学生在职业目标选择上考虑的因素比较多，比较全面。这可能是文化程度是文盲的父亲无法给孩子一些就业指导或职业目标方面的资源或建议，所以孩子就会自己去考虑这些因素，并且比较贴近现实情况。

（十一）在母亲文化程度上的讨论

大学生的职业生涯规划能力在母亲文化程度上存在显著差异，即就大学生母亲文化程度而言，大专以上与小学、大专以上与文盲、中专或高中与小学、中专或高中与文盲、初中与文盲之间均呈现显著差异。母亲文化程度与子女职业生涯规划能力呈显著的正相关，即母亲的文化程度越高，子女的职业生涯规划能力越强。一般来说，母亲作为孩子的主要看护者，与孩子相处的时间最长，也倾向于更多地去关注和指导孩子。如果母亲的文化程度越高，那么对孩子的教育和职业生涯规划上的指导可能就会越好，越有利于孩子进行职业生涯规划。

在各因子中，大学生职业生涯规划中的确立目标能力、认识环境能力和制订计划能力、职业成熟度中的职业价值在母亲文化程度上存在显著差异。

就大学生母亲文化程度而言，在确立目标方面，文盲的与其他文化程度均差异显著，小学与大专以上也存在显著差异；在认识环境方面，大专以上和初中、大专以上和小学、大专以上和文盲、中专或高中和文盲之间均差异显著；在制订计划方面，大专以上和小学、中专或高中与小学、中专或高中与文盲之间的差异显著。以上三个方面的能力，均是母亲文化程度越高，孩子的能力越强。

就大学生母亲文化程度而言，在职业价值方面，中专或高中和初中、中专或高中与小学、中专或高中与文盲的差异显著。母亲文化程度越高，职业价值方面的得分越低。这与父亲文化程度与孩子职业价值能力的情况基本是一致的。这进一步说明了，如果孩子的父母不能提供一些就业指导或职业目标方面的资源或建议，那么孩子就会自己去考虑这些因素，所以职业价值能力方面的得分就会越高。

五、小结

（1）职业成熟度存在专业上的显著差异，即文科专业大学生的职业成熟度低于理工类专业大学生的职业成熟度。

（2）就业压力在政治面貌上呈现显著差异。党员和共青团员之间有显著差异，党员和群众之间也有显著差异。其中，党员的就业压力最小，群众的最大。

（3）职业生涯规划能力在大学生有无兼职工作上有显著差异。有兼职且与专业相关的大学生的职业规划能力要优于无兼职工作的大学生。

（4）职业生涯规划能力在大学生母亲的文化程度上有显著差异，就大学生母亲的文化程度而言，大专以上与小学、大专以上与文盲、中专或高中与小学、中专或高中与文盲、初中与文盲之间均呈现显著差异。母亲文化程度与子女职业生涯规划能力呈显著的正相关，即母亲的文化程度越高，子女的职业生涯规划能力越强。

第四节　大学生职业生涯规划能力、职业成熟度和就业压力的关系

一、研究目的和假设

研究目的：考察大学生职业生涯规划能力、职业成熟度和就业能力之间的关系。

假设：大学生职业生涯规划能力、职业成熟度和就业压力三者存在显著相关，即大学生职业生涯规划能力与职业成熟度存在显著正相关；大学生职业生涯规划能力与就业压力存在显著负相关；职业成熟度与就业压力存在显著负相关。

二、研究方法

同本章第三节。

三、研究结果

如表 7-16 所示，大学生职业生涯规划能力与职业成熟度存在着显著的正相关，说明大学生职业生涯规划能力越强，职业成熟度就越高；大学生职业生涯规划与就业压力存在显著负相关，说明大学生职业生涯规划能力越强，大学生体验到的就业压力就越小；大学生职业成熟度与就业压力存在着显著负相关，说明职业成熟度越高，大学生体验到的就业压力就越小。

表 7-16　大学生职业生涯规划能力、职业成熟度和就业压力的相关分析

因变量	职业生涯规划	职业成熟度	就业压力
职业生涯规划	1	—	—
职业成熟度	0.305**	1	—
就业压力	−0.148**	−0.370**	1

四、讨论

相关分析的结果显示：在大学生职业生涯规划能力、职业成熟度和就业压力三变量中，两两之间存在着显著的相关性。

大学生职业生涯规划能力与职业成熟度存在显著正相关，说明大学生职业生涯规划能力越强，职业成熟度越高。这与刘志明（2015）和李丽芳（2016）的研究结论基本一致。大学生职业成熟度与就业压力之间呈显著负相关，说明大学生体验到的就业压力随着职业成熟度的增高而减小。这与罗繁荣（2010）和刘玥（2013）的研究结论一致。大学生职业生涯规划能力与就业压力存在显著负相关，说明大学生职业规划能力越强，就业压力就越小。鲍远通和曹广辉(2006）发现，职业生涯规划是减轻高职生就业压力的需要。虽然本次研究的对象是河南省大学生，但是对于职业生涯规划与就业压力的关系的研究结论仍然是一致的。另外，陈俊（2009）又提出，大学生的职业生涯规划与就业关系密切，说明做好职业生涯规划可以缓解大学毕业生的就业压力。

五、小结

大学生职业生涯规划能力、职业成熟度和就业压力三者存在显著相关：大学生职业生涯规划能力与职业成熟度存在显著正相关；大学生职业生涯规划能力与就业压力之间存在显著负相关；职业成熟度与就业压力之间存在显著负相关。

第五节　职业成熟度对大学生职业生涯规划能力和就业压力的影响

一、研究目的和假设

研究目的：考察大学生职业生涯规划能力、职业成熟度、就业能力三者之间的内在作用机制。

假设：职业成熟度在职业生涯规划能力和就业压力之间存在中介效应。

二、研究方法

同上节。

三、研究结果

中介效应是指变量 X 与变量 Y 不是直接的因果关系，而是通过一个变量（如 M）或多个变量的间接作用而产生影响，此时变量 M 被称为中介变量，X 通过 M 对 Y 所产生的间接影响为中介效应。

在研究学者对中介效应进行讨论中，Baron 和 Kenny（1986）将中介效应分为两种：完全中介效应和部分中介效应。要判断研究模型中某一变量是否为中介变量，需要对三个方程进行检验：① 方程 1 主要用于检验自变量对因变量的影响；② 方程 2 检验自变量对中介变量的影响；③ 方程 3 检验自变量和中介变量对因变量的共同影响，当 3 个变量出现在回归模型中，自变量对因变量的作用就不再显著。此方法也被称为逐步检验法。国内学者温忠麟等（2004）采用逐步回归法来检验中介效应是否显著，检验具体步骤如图 7-1 所示。

本次研究认为职业成熟度（中介变量）在大学生职业生涯规划能力（自变量）和就业压力（因变量）的关系中存在中介效应，因此根据以上检验步骤对其进行中介作用的回归分析，主要的验证步骤如下。

（1）本次研究先把大学生职业生涯规划能力（X）与就业压力（Y）进行回归分析，建立大学生职业生涯规划能力对就业压力的回归方程 $Y = cX+e_1$（方程 1），验证它们之间的回归系数 c 是否显著，即大学生职业生涯规划能力与就业压力之间是否存在显著关系。如果存在显著关系，那么继续进行随后的分析；如果关系不显著，则中介分析终止。

（2）大学生职业生涯规划能力与就业压力之间存在显著关系，再将职业成熟度作为中介变量（M）引入其中，建立大学生职业生涯规划能力与职业成熟度的回归方程 $M = aX+e_2$（方程 2），用于检验大学生职业生涯规划能力作用于职业成熟度的回归系数 a 是否显著，即验证大学生职业生涯规划能力与职业成熟度之间

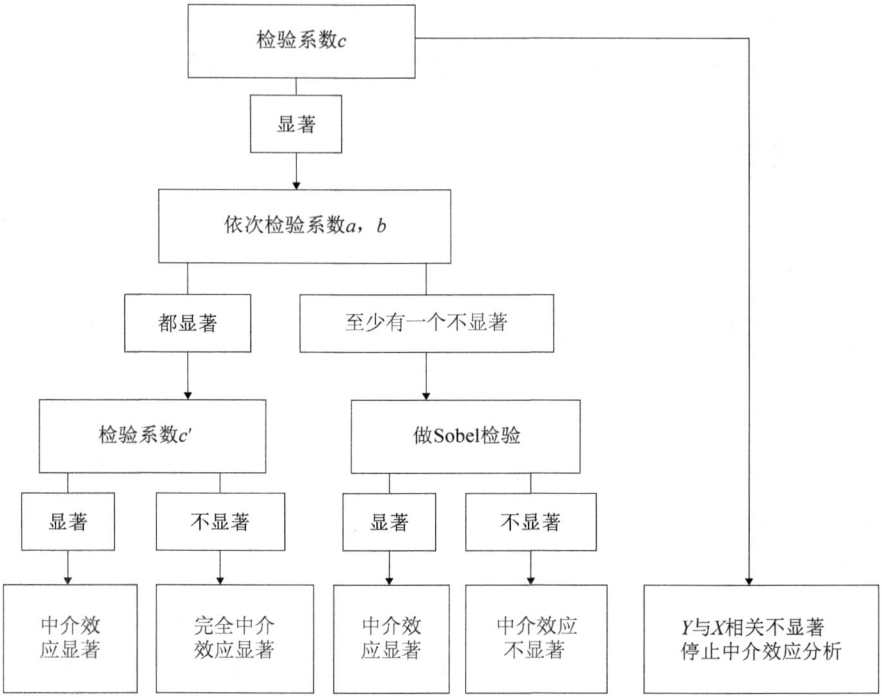

图 7-1　中介效应检验程序

注：*c* 代表自变量对因变量的效应，*a* 代表自变量对中介变量的效应，*b* 代表中介变量对因变量的效应，*c′* 代表自变量和中介变量共同对因变量的效应

是否存在显著关系。若两者关系显著，那么继续进行随后的检验；否则终止分析。

（3）若验证了职业生涯规划能力与职业成熟度之间存在着显著关系，再建立大学生职业生涯规划能力（X）与就业压力（Y）职业成熟度（M）的回归方程 $Y = c'X+bM+e_3$（方程 3），检验回归系数 b 及其显著性，即大学生职业生涯规划能力、职业成熟度与就业压力之间是否存在显著关系。若关系显著则继续进行随后的检验，否则终止分析，说明中介效应不存在。

（4）若职业成熟度在大学生职业生涯规划能力和就业压力之间起到中介效应，则进一步检验 c' 及其显著性。若大学生职业生涯规划能力对职业成熟度的效应显著，职业成熟度对就业压力的效应显著。大学生职业生涯规划能力对就业压力的效应在加入职业成熟度这一变量后，若效应不显著，则可以验证职业成熟度在大学生职业生涯规划能力和就业压力之间存在完全中介效应；若仍旧显著，则可以验证存在部分中介效应。

首先，将大学生职业生涯规划能力作为自变量，就业压力作为因变量，进行回归分析（$\beta = -0.148$，$SE = 0.042$，$t = -3.553$，$p < 0.001$）；然后，将大学生职业生涯规划能力作为自变量，职业成熟度作为因变量，进行回归分析（$\beta = -0.305$，$SE = 0.040$，$t = 7.609$，$p < 0.001$）；最后，把大学生职业生涯规划能力和职业成熟度作为自变量，就业压力作为因变量，进行回归分析（$\beta = -0.039$，$SE = 0.041$，$t = -0.940$，$p = 0.347$；$\beta = -0.358$，$SE = 0.041$，$t = -8.738$，$p < 0.001$），这说明：加入职业成熟度这一中介变量后，自变量职业生涯能力对因变量就业压力的预测效应不显著。因此，职业成熟度（中介变量）在大学生职业生涯规划能力（自变量）和就业压力（因变量）的关系中存在着完全中介效应（表 7-17）。

表 7-17　运用回归分析检验中介模型

步骤	标准化回归方程	SE	t
第一步	$Y = -0.148X$	0.042	−3.553***
第二步	$M = 0.305X$	0.040	7.609***
第三步	$Y = -0.039X$	0.041	−0.940
	$Y = -0.358M$	0.041	−8.738***

四、讨论

采用回归分析法，探讨职业成熟度在大学生职业生涯规划能力和就业压力之间是否存在中介效应。检验结果发现，职业成熟度在大学生职业生涯规划能力和就业压力之间有很强的中介效应。这说明：在大学生职业生涯规划能力强的状态下，如果职业成熟度高，大学生感受到的就业压力就小；如果职业成熟度低，则其感受到的就业压力就大。而在大学生职业生涯规划能力弱的状态下，大学生感受到的就业压力随着职业成熟度的增高而减小。这说明职业成熟度在大学生职业生涯规划能力和就业压力之间起着完全中介效应。因为职业成熟度的完全中介效应，所以当大学生职业生涯规划能力和职业成熟度共同对就业压力产生作用时，大学生职业生涯规划能力对就业压力的作用就不再显著。

五、小结

职业成熟度在大学生职业生涯规划能力与就业压力之间存在中介效应。

第八章

大学生学业成绩、人际关系困扰、一般自我效能感、地区发展状况与学校类别对求职行为的影响

第一节　大学生自我效能感和求职行为的概述

一、概念界定

（一）自我效能感

20 世纪以来，自我效能作为一种能力的预判受到越来越多人的重视，它能直接影响人们在生活中的思维和行为方式。它与自我效能感是同义的。自我效能高的人能更有信心地完成目标，积极解决生活中的各种问题。自我效能较低的人在行动中体现出消极性，其目标完成的效果也较差。

班杜拉在 1977 年首先提出了自我效能这一概念，他认为个体对做好某件事的信念在其行动中起到重要作用。后来在其出版的《思想与行为的社会基础》一书中把自我效能定义为“个体有效控制自己生活诸方面能力（或生活事件能力）的信念”，或者是“对影响自己的事件自我控制能力的知觉”。1997 年，班杜拉的《自我效能：控制的运用》一书系统地论述了自我效能的概念，又将自我效能定义为“人们对其组织和实施达成特定成就目标所需行动过程的能力的信念”。总的来说，他认为，“自我效能指个人对自己在特定背景中是否有能力去操作行为的期望”（Bandura，1997），也就是指个体在执行某一行为操作之前对自己能够在什么水平上完成该活动所具有的信念、判断或主体的自我感受。它包括两个部分，即结果期待和效能期待。结果期待是指个体对自己的某一行为会导致某一结果的推测，如果个体预测到某一特定行为将导致特定的结果（强化），那么这一行为就可能被激活和受到选择。效能期待是指个体对自己能够进行某一行为实施能力的推测或判断，即对自己行为的主观判断。

Judge（2001）指出，一般自我效能感是主体对自我是否具备应对和完成任务的基本能力的评估，对自己是否有信心在各种具体情境中有效执行、处理问题的判断。吴靖媛(2011）认为，自我效能是指人们对达成目标行动过程中的预期、感知和信念。

1997 年，德国著名的临床和健康心理学家 Ralf Schwarzer 对一般自我效能感做出了界定，指出一般自我效能感是个体在面对不同环境需求时或面临新环境时的总体性的自信心。该界定指出，个体的一般自我效能感是在面对不同的情境而不是在某一个特殊环境时的一个表现；另外，一般自我效能感是个体在进行某一项活动前，对于不同领域的需求，以及自身能否从容面对这一活动的预期；最后，它是当个体面对不同环境需求时，排除对自身实际技能的评估，对自己能否应对这一活动的主观判断。

在本次研究中，所采用的就是 Ralf Schwarzer 提出的定义。

（二）求职行为

随着对求职行为研究的深入，求职行为的定义也不断发生着变化，专家学者也给出了自己的定义和理解。

Steffy 等（1989）将求职行为看作一种信息搜寻过程，定义为“对职业信息的数量和适用性进行探索的行为，基本上可以看作是一种信息搜寻过程”。

Bretz 等（1994）将求职行为定义为“花时间和精力获取有关劳动力市场信息的特定行为，无须考虑动机因素及求职结果，只是一种信息搜集活动”。

Soelberg 等（1967）将求职行为定义为，包括搜寻信息、为申请职位而制定决策、确定并接受工作等一系列行为。他认为求职是彼此相关的四种行为：识别理想职业、制订搜寻计划、搜寻并选择工作、确定并接受选择结果。该定义仍将求职行为的研究集中在信息搜寻和制定决策上。

Lazarus 和 Folkman（1984）将求职行为看作一种以解决问题为导向的应对策略并认为，个体在面对压力时会采取两种应对策略：问题解决策略（直接采取行动解决压力事件）和情绪转移策略（改变自己的立场和观点以缓解压力）。

Latack 等（1995）认为，失业者除采取参加培训、重新定位职业等手段以外，再求职也是一种以解决问题为导向（即问题应对）的策略。问题应对将求职行为看作一种以成功就业来降低由于失业所带来的消极影响的策略，倾向于消除失业所带来的压力，多应用于研究心理健康与就业之间的关系。

Kanfer 和 Hulin（1985）将求职行为看成一种指向目标的活动，目的是缩小目前状态与就业目标之间的差距，认为求职行为是“动态的、循环的自我调适过程，是一种有目的并受主观意愿驱动的行为模式，它开始于就业目标的识别，进而为实现就业目标付出努力”。这一概念是将求职行为看作走向成功就业的行为过程，关注的是求职结果。

从以上可以看出，Lazarus 等、Latack 等，以及 Kanfer 和 Hulin 对求职行为的定义（分别为解决问题、问题应对和为目标而努力）比前面列举的概念（信息搜集）的内涵更为广泛和深入。在众多关于求职行为的定义中，最受学者认可并引用最多的是 Kanfer 和 Hulin 对求职行为的定义。本次研究旨在探讨大学生求职行为的影响因素，因此认为 Kanfer 和 Hulin 对于求职行为的定义更加符合本次研究。

二、学业成绩、人际关系困扰、一般自我效能感、地区发展状况与学校类别和求职行为的关系概述

在求职行为的影响因素研究中，李炜和岳昌君（2009）通过统计分析得出，成绩排名前 25%前 50%的毕业生虚拟变量系数为正且达到显著水平，这表明学习成绩较好的学生在求职过程中具有一定优势；拥有英语证书、计算机证书的毕业生找到工作的概率要显著高于没有这些证书的毕业生。因此，本次研究认为学业成绩可能对求职行为有正向预测作用。

在人际关系和求职行为的关系相关研究中，禤展铭等（2011）认为人际关系和就业能力是相互依赖、相互影响的。人际关系可以维持身心健康从而增强就业能力，可以促进大学生对自身就业能力的深化，也可以促进就业能力的社会化进程。王晶晶（2015）提出，大学生应该通过人际关系来完善就业观念。大学生人际关系与大学生就业是相互影响、相互依赖的关系，因此，良好的人际关系对

大学生的就业能产生积极影响。

关于自我效能感和求职行为的关系研究，Kanfer 和 Hulin（1985）通过研究发现，高自我效能感与求职行为的增加相联系，而低自我效能感与求职行为的减少相联系。这说明自我效能感与求职行为有着密切的关系。冯彩玲等（2009）通过研究发现，求职自我效能对求职行为起到正向的、显著的预测作用。这与李玮玮等（2014）的研究结论也是一致的，他们指出，自我效能感不能显著预测求职意向，但能正向预测求职行为。

虽然经济发展水平高的地区提供的就业岗位较多，但由于人才济济，工作岗位竞争也更加激烈，产生的就业压力会通过求职意向来影响求职行为。所以笔者认为，对于经济发展水平较高地区的大学应届毕业生来说，其求职行为可能会较多。这一假设与张晓琳（2014）的研究结论是一致的，张晓琳指出，就业质量与经济发展水平之间存在着显著的正相关，并认为，一个地区的经济发展水平越高，就业质量水平就越高，求职行为也会越多。

闵维方（2006）指出，“211 工程”高校的毕业生找到工作的概率明显比普通本科院校毕业生高，而专科、高职学校的毕业生在找到工作的概率上比普通本科院校的毕业生要低。这说明大学毕业生的就业概率随着学校层次的提升而增加。李峰等（2012）认为，高层次学校的社会地位和影响力决定了其学生能有更高的就业起点，因为“985 工程”高校为大学生提供的教育和支持更多，这些大学生的自我付出也更多，其综合能力也就会更强。笔者认为，学校类别和求职行为之间可能存在正向预测作用，即学校层次越高，其大学毕业生的求职行为就会越多。

第二节　大学生一般自我效能感、人际关系困扰和求职行为的现状

一、研究假设

河南省应届大学毕业生有轻微的人际关系困扰，一般自我效能感较高，以

及求职行为状况是中等偏上。

二、研究方法

（一）被试

选取的被试来自河南省的郑州大学（120 份）、河南大学（120 份）、信阳师范学院（130 份）、黄淮学院（150 份）、焦作师范高等专科学校（120 份）和信阳职业技术学院（130 份）的应届毕业生。共发放问卷 770 份，回收问卷 740 份；剔除无效问卷 43 份，实际回收有效问卷 697 份，实际有效回收率为 90.52%（表 8-1）。

表 8-1　有效样本的人口统计学变量构成表（$N=697$）

变量	项目	n	比例 / %
性别	男	340	48.8
	女	357	51.2
专业	文史类	268	38.5
	理工类	237	34.0
	艺体类	192	27.5
院校类别	重点本科	216	31.0
	普通本科	276	39.6
	高职高专	205	29.4
是否独生	是	158	22.7
	否	539	77.3
学业成绩	65 分以下	15	2.2
	65 ～ 80 分	426	61.1
	80 分以上	256	36.7
家庭所在地	农村	473	67.9
	城市	224	32.1
有无兼职	有，与专业不相关	232	33.3
	有且与专业相关	207	29.7
	无	258	37.0
社团参与	没参与	210	30.1
	参与但没组织	329	47.2
	参与并组织	158	22.7
学生干部	是	208	29.8
	否	489	70.2

（二）研究工具

1．大学生求职行为

采用王同军参照 Kanfer 等（2001）的理论编制的《大学生求职行为问卷》，共 30 题，用于统计的有效题目为 25 个。前 5 道题是对求职动机的了解，不做统计；后 25 道题包括求职强度（9 道题）、求职短期长期（5 道题）、自主求职（4 道题）、求职频率（4 道题）和关系求职（3 道题）5 个维度。问卷采用 Lickert 5 级评分法，1 分表示类似于“非常明确、非常同意、非常多、非常希望、非常努力”等，2 分表示“比较”的情况，3 分表示“一般”，4 分表示“不太”的情况，5 分表示“很不”的情况。得分越低说明求职行为状况越好。

在本次研究中，问卷的内部一致性 α 系数为 0.840，这表明问卷的内部一致性较高，可用于测量大学生求职行为。

2．人际关系困扰

采用郑日昌编制的《人际关系综合诊断量表》。共 28 道题，每道题作“是”和“否”回答。回答“是”得 1 分，“否”得 0 分。该量表可分为交谈、交际与交友、待人接物、异性交往 4 个维度，每个维度都由 7 个陈述性问题组成。被试的得分越高，表明其人际关系困扰越多。0 ～ 8 分表示困扰较少；9 ～ 14 分表示有一定的困扰；15 ～ 28 分表示困扰较多。

3．一般自我效能感

采用由德国柏林自由大学的著名临床和健康心理学家 Ralf Schwarzer 教授等人在 1981 年编制完成的《一般自我效能感量表》（general self-efficacy scale，GSES）。中文版《一般自我效能感量表》共 10 个项目，主要测查个体遇到挫折或困难时的自信程度。其中，1 表示“完全不正确”，2 表示“有点正确”，3 表示“多数正确”，4 表示“完全正确”，分数越高说明自信程度越高。1 ～ 10 分表示自信程度很低；10 ～ 20 分表示自信程度偏低；20 ～ 30 分表示自信程度较高；30 ～ 40 分表示自信心非常高。

4．学业成绩

学业成绩按学年总成绩的平均分数分为65分以下、65～80分和80分以上，将被试分为较差组、中等组和优秀组。

5．地区发展状况

地区发展状况则按公布的2015年全年及2016年上半年河南省各地市国民生产总值排行榜排名打分1～5分。其中，郑州5分、焦作4分、信阳3分，驻马店2分和开封1分。

6．学校类别

学校类别则按重点本科、普通本科、高职高专分类。

（三）施测过程与数据处理

笔者于2016年4—6月对6所高校的应届毕业生以班级施测（308份）、随机施测（227份）和网上问卷（235份）三种形式施测，纸质问卷当场回收。

采用SPSS20.0对数据进行处理、分析，统计学分析采用描述性分析、t检验、方差分析和层次回归分析。

三、研究结果

对一般自我效能感、人际关系困扰和求职行为以及各维度的得分进行描述性统计的结果见表8-2。

根据表8-2中结果，一般自我效能感均分为25.78，说明大学生在遇到挫折或困难时的自信程度比较高（20～30分表示自信程度较高）；人际关系困扰均分为8.39，表明大学生的人际关系有轻微的困扰（0～8分表示困扰较少；9～14分表示有一定的困扰；笔者将8～9定义为轻微困扰）；大学生求职行为的均分为61.69，表明河南省大学生的求职行为状况是中等偏上的（75分为一般，50分为比较好）。

在人际关系困扰中，困扰从多到少依次是交际方面（$M = 2.77$）、交谈方面

（$M=2.36$）、异性交往方面（$M=1.86$）、待人接物方面（$M=1.41$）。其中，待人接物的困扰最少，交际方面的困扰最多。

表 8-2　大学生一般自我效能感、人际关系困扰和求职行为以及各维度量表得分

因变量	M	SD
一般自我效能感	25.78	5.09
人际关系困扰	8.39	5.78
交谈方面	2.36	1.81
交际方面	2.77	1.95
待人接物方面	1.41	1.54
异性交往方面	1.86	1.72
求职行为	61.69	10.43
自主求职	11.01	2.43
求职频率	11.70	2.69
关系求职	7.98	1.95
求职强度	21.04	4.72
求职短期长期	9.96	3.18

在求职行为上，求职状况由好到差依次为求职短期长期（$M=9.96/5\approx1.99$）、求职强度（$M=21.04/9\approx2.34$）、关系求职（$M=7.98/3=2.66$）、自主求职（$M=11.01/4\approx2.75$）和求职频率（$M=11.70/4\approx2.93$）。其中，状况最好的是求职短期长期，最差的是求职频率。

四、讨论

表 8-2 中结果表明：大学应届毕业生的一般自我效能感平均得分为 25.78，这说明河南省大学应届毕业生在遇到挫折或困难时的自信程度是比较高的（20 ～ 30 分表示自信程度较高），这与王同军（2007）的研究结论——大学生总体的职业决策自我效能感较高，基本上是一致的。付梅（2005）通过研究也发现大学生一般自我效能感总体水平较高。

大学应届毕业生的人际关系平均得分为 8.39，表明河南省大学应届毕业生的人际关系有轻微的困扰（0 ～ 8 分表示困扰较少；9 ～ 14 分表示有一定的困扰；笔者将 8 ～ 9 定义为轻微的困扰）。

大学生求职行为的平均得分为61.69，这表明他们的求职行为状况是中等偏上的（75分为一般，50分为比较好）。赵维燕等（2015）通过研究也发现毕业生的求职行为处于中等偏上水平。

五、小结

2016年河南省大学应届毕业生自我效能感水平总体较高，存在着轻微的人际关系困扰，求职行为状况处于中等偏上水平。

第三节　大学生一般自我效能感、人际关系困扰和求职行为的差异

一、研究假设

大学生一般自我效能感、人际关系困扰和求职行为在性别、是否为独生子女、学校类别、专业、城乡、学业成绩、是否为学生干部、有无兼职、学校社团参与上存在差异。

二、研究方法

同上一节。

三、研究结果

（一）在性别上的差异

为了考察大学应届毕业生在一般自我效能感、人际关系困扰和求职行为上是否存在性别差异，做独立样本 t 检验，结果如表8-3所示。

表 8-3　一般自我效能感、人际关系困扰和求职行为及各维度的性别差异

因变量	男		女		*t*	*p*
	M	*SD*	*M*	*SD*		
一般自我效能感	26.66	5.22	24.95	4.82	4.501***	0.000
人际关系困扰	8.85	6.09	7.96	5.43	2.043*	0.041
交谈方面	2.54	1.81	2.18	1.79	2.654**	0.008
交际方面	2.64	1.96	2.90	1.92	−1.753	0.080
待人接物方面	1.60	1.62	1.22	1.43	3.240**	0.001
异性交往	2.07	1.84	1.66	1.58	3.193**	0.001
求职行为	61.95	11.28	61.45	9.56	0.639	0.523
自主求职	11.05	2.52	10.97	2.35	0.438	0.662
求职频率	11.53	2.78	11.86	2.58	−1.666	0.096
关系求职	7.76	2.01	8.19	1.87	−2.922**	0.004
求职强度	21.11	4.99	20.98	4.45	0.351	0.726
求职短期长期	10.51	3.29	9.44	2.97	4.503***	0.000

从总体上看，一般自我效能感（$p < 0.001$）和人际关系困扰（$p = 0.041$）在性别上存在着显著差异，而求职行为在性别上不存在显著差异，并且男生在一般自我效能感上的得分要明显高于女生。在人际关系上，男生的人际关系困扰要多于女生的人际关系困扰。

在人际关系困扰中，交谈方面（$p = 0.008$）、待人接物方面（$p = 0.001$）、异性交往方面（$p = 0.001$）均存在性别上的显著差异。其中，在交谈方面和异性交往方面，男生的人际关系困扰要多于女生，在待人接物方面要少于女生。在求职行为中，只有关系求职（$p = 0.004$）和求职短期长期（$p < 0.001$）在性别上存在显著的差异。在关系求职上，男生的求职状况好于女生，但在求职短期长期上，男生的求职状况则不如女生。

（二）在是否为独生子女上的差异

为了考察大学应届毕业生在一般自我效能感、人际关系困扰和求职行为上是否存在是否为独生子女上的差异，做独立样本 t 检验，结果如表 8-4 所示。

表 8-4　一般自我效能感、人际关系困扰和求职行为及各维度在是否为独生子女上的差异

因变量	是		否		t	p
	M	SD	M	SD		
一般自我效能感	26.42	5.37	25.60	4.99	1.798	0.073
人际关系困扰	8.92	6.25	8.24	5.63	1.224	0.222
交谈方面	2.62	1.90	2.28	1.77	2.096*	0.036
交际方面	2.73	2.03	2.78	1.92	−0.287	0.774
待人接物方面	1.69	1.69	1.32	1.48	2.451*	0.015
异性交往	1.87	1.74	1.85	1.72	0.128	0.898
求职行为	61.79	11.79	61.66	10.01	0.134	0.893
自主求职	10.80	2.70	11.07	2.35	−1.115	0.266
求职频率	11.46	2.92	11.78	2.61	−1.316	0.189
关系求职	7.85	2.14	8.02	1.89	−0.871	0.385
求职强度	21.18	5.13	21.00	4.59	0.430	0.667
求职短期长期	10.49	3.38	9.80	3.10	2.418*	0.016

从总体上看，一般自我效能感（$p = 0.073$）、人际关系困扰（$p = 0.222$）和求职行为（$p = 0.893$）在是否为独生子女上均不存在显著差异。

对具体的维度分析：在人际关系困扰中，交谈方面（$p = 0.036$）和待人接物方面（$p = 0.015$）在是否为独生子女上存在显著差异。在这两方面，独生子女的人际关系困扰都要多于非独生子女的人际关系困扰。在求职行为中，只有求职短期长期（$p = 0.016$）在是否为独生子女上存在显著差异，独生子女的求职状况要好于非独生子女的求职状况。

（三）在学校类别上的差异

为了考察大学应届毕业生在一般自我效能感、人际关系困扰和求职行为上是否存在学校类别上的差异，做单因素的方差分析，结果如表 8-5 所示。

以学校为自变量，分别以一般自我效能感、人际关系困扰和求职行为及其因子为因变量做单因素的方差分析，结果表明：总体上，一般自我效能感、人际关系困扰和求职行为在学校类别上均无显著差异；在各因子中，只有求职行为中的关系求职（$F = 3.723$，$p = 0.025$）和求职短期长期（$F = 6.243$，$p = 0.002$）在学校类别上存在显著差异。然后进行进一步的多重比较，结果表明：在关系求职上，重点本科和高职高专之间差异显著（$p = 0.018$）；在求职短期长期上，重点

表 8-5　一般自我效能感、人际关系困扰和求职行为及各维度在学校类别上的差异

因变量	重点本科		普通本科		高职高专		*F*	*p*
	M	*SD*	*M*	*SD*	*M*	*SD*		
一般自我效能感	25.96	5.23	25.48	4.84	26.01	5.27	0.835	0.434
人际关系困扰	7.81	5.50	8.51	5.65	8.85	6.19	1.823	0.162
交谈方面	2.20	1.72	2.34	1.74	2.54	1.97	1.848	0.158
交际方面	2.54	1.96	2.84	1.95	2.93	1.91	2.448	0.087
待人接物方面	1.37	1.53	1.34	1.40	1.55	1.71	1.207	0.300
异性交往	1.70	1.65	2.00	1.75	1.83	1.75	1.784	0.169
求职行为	62.25	10.29	62.22	10.41	60.40	10.55	2.257	0.105
自主求职	10.90	2.47	11.02	2.40	11.11	2.46	0.409	0.664
求职频率	11.72	2.51	11.67	2.82	11.72	2.70	0.027	0.974
关系求职	8.22	1.94	8.00	2.00	7.71	1.85	3.723*	0.025
求职强度	20.99	4.61	21.49	4.63	20.50	4.91	2.588	0.076
求职短期长期	10.42	3.11	10.05	3.04	9.35	3.34	6.243**	0.002

本科和高职高专之间差异显著（$p = 0.002$），普通本科和高职高专之间也差异显著（$p = 0.044$）。重点本科的学生的求职状况在这两方面都不如高职高专的学生。

（四）在专业上的差异

为了考察大学应届毕业生在一般自我效能感、人际关系困扰和求职行为上是否存在专业上的差异，做单因素的方差分析，结果如表 8-6 所示。

以专业为自变量，分别以一般自我效能感、人际关系困扰和求职行为及其因子为因变量做单因素的方差分析，结果表明：从总体上看，只有一般自我效能感（$F = 4.481$，$p = 0.012$）在专业上存在着显著差异；在各因子中，人际关系困扰中的交际方面（$F = 5.911$，$p = 0.003$）和求职行为中的关系求职（$F = 7.281$，$p = 0.001$）在专业上存在显著差异。

进一步的多重比较的结果表明：一般自我效能感在文史类和理工类（$p = 0.012$）之间差异显著，理工类大学生的一般自我效能感要高于文史类大学生；人际关系困扰中的交际方面在文史类和艺体类（$p = 0.002$）之间差异显著，文史类大学生在交际方面的困扰要高于艺体类大学生。求职行为中的关系求职在文史类和理工类（$p = 0.033$）、文史类和艺体类（$p = 0.001$）均存在显著差异，文史类大学生在关系求职方面不如其他专业的大学生。

表 8-6　一般自我效能感、人际关系困扰和求职行为及各维度在专业上的差异

因变量	文史类		理工类		艺体类		F	p
	M	SD	M	SD	M	SD		
一般自我效能感	25.07	5.39	26.37	4.92	26.06	4.76	4.481*	0.012
人际关系困扰	8.50	5.49	8.93	5.87	7.58	5.99	2.968	0.052
交谈方面	2.30	1.77	2.55	1.80	2.20	1.85	2.222	0.109
交际方面	3.02	1.93	2.80	1.91	2.40	1.96	5.911**	0.003
待人接物方面	1.32	1.44	1.55	1.59	1.35	1.59	1.529	0.218
异性交往	1.86	1.65	2.03	1.80	1.64	1.70	2.782	0.063
求职行为	61.84	9.85	61.95	10.90	61.17	10.66	0.337	0.714
自主求职	10.82	2.31	11.15	2.40	11.10	2.64	1.373	0.254
求职频率	11.88	2.64	11.74	2.72	11.41	2.71	1.784	0.169
关系求职	8.31	1.84	7.88	1.85	7.64	2.14	7.281**	0.001
求职强度	21.18	4.52	21.06	5.16	20.82	4.43	0.322	0.725
求职短期长期	9.65	2.99	10.11	3.50	10.20	2.99	2.116	0.121

（五）在城乡上的差异

为了考察大学应届毕业生在一般自我效能感、人际关系困扰和求职行为上是否存在城乡上的差异，做独立样本 t 检验，结果如表 8-7 所示。

表 8-7　一般自我效能感、人际关系困扰和求职行为及各维度在城乡上的差异

因变量	农村		城镇		t	p
	M	SD	M	SD		
一般自我效能感	25.69	5.04	25.99	5.19	−0.736	0.462
人际关系困扰	8.77	5.72	7.61	5.84	2.471**	0.014
交谈方面	2.47	1.81	2.11	1.79	2.464**	0.014
交际方面	2.94	1.92	2.42	1.95	3.369**	0.001
待人接物方面	1.41	1.57	1.41	1.48	0.014	0.989
异性交往	1.94	1.74	1.68	1.67	1.898	0.058
求职行为	61.40	10.07	62.31	11.16	−1.071	0.284
自主求职	10.99	2.32	11.05	2.67	−0.319	0.750
求职频率	11.70	2.56	11.72	2.95	−0.101	0.920
关系求职	8.14	1.92	7.64	1.97	3.180**	0.002
求职强度	20.82	4.63	21.51	4.86	−1.803	0.072
求职短期长期	9.76	3.11	10.38	3.28	−2.443*	0.015

从总体上看，只有人际关系困扰（t = 2.471，p = 0.014）在城乡上存在显著差异，即来自农村的大学应届毕业生在人际关系困扰上要多于来自城镇的应届大学毕业生。

对具体的维度分析：在人际关系困扰中，交谈方面（p = 0.014）和交际方面（p = 0.001）存在城乡上的显著差异，在这两个方面，来自农村的应届大学毕业生在人际关系困扰上都要多于来自城镇的应届大学毕业生。在求职行为中，关系求职（p = 0.002）和求职短期长期（p = 0.015）在城乡上存在显著差异；在关系求职方面，来自农村的应届大学毕业生在求职状况上要差于来自城镇的应届大学毕业生。在求职短期长期方面，来自农村的应届大学毕业生在求职状况上好于来自城镇的应届大学毕业生。

（六）在学业成绩上的差异

为了考察大学应届毕业生在一般自我效能感、人际关系困扰和求职行为及各维度上是否存在学业成绩上的差异，做单因素的方差分析，结果如表 8-8 所示。

从总体上看，只有人际关系困扰（F = 4.608，p = 0.010）在学业成绩上存在显著差异，进行进一步的多重比较检验后表明：学业成绩在 65 分以下和 80 分以上的大学应届毕业生之间存在着显著差异（p = 0.041），学业成绩为 65 分以

表 8-8　一般自我效能感、人际关系困扰和求职行为及各维度在学业成绩上的差异

因变量	65 分以下		65 ～ 80 分		80 分以上		F	p
	M	SD	M	SD	M	SD		
一般自我效能感	25.33	7.67	25.62	4.90	26.09	5.22	0.749	0.473
人际关系困扰	10.73	6.45	8.78	5.78	7.61	5.64	4.608*	0.010
交谈方面	2.93	1.75	2.49	1.80	2.11	1.79	4.367*	0.013
交际方面	2.80	1.82	2.96	1.96	2.46	1.89	5.467**	0.004
待人接物方面	2.67	1.99	1.38	1.51	1.38	1.53	5.209**	0.006
异性交往	2.33	1.91	1.95	1.77	1.67	1.61	2.733	0.066
求职行为	61.07	14.88	62.03	10.07	61.17	10.73	0.574	0.564
自主求职	10.87	3.29	11.11	2.35	10.84	2.52	1.001	0.368
求职频率	11.47	4.03	11.66	2.64	11.78	2.68	0.210	0.811
关系求职	7.73	2.05	7.96	1.88	8.04	2.05	0.272	0.762
求职强度	20.33	5.49	21.29	4.63	20.67	4.80	1.542	0.215
求职短期长期	10.67	3.85	10.01	3.08	9.83	3.30	0.630	0.533

下的大学生在人际关系困扰上要多于学业成绩为80分以上的大学生；学业成绩为65～80分与80分以上的大学生之间存在着显著差异（p = 0.01），学业成绩为65～80分的大学生在人际关系困扰上要多于学业成绩在80分以上的大学生。

对具体的维度分析：在人际关系困扰中，交谈方面（$p = 0.013$）、交际方面（$p = 0.004$）待人接物方面（$p = 0.006$）存在学业成绩上的显著差异。其中，在交谈方面，65～80分与80分以上（$p = 0.008$）的大学生之间存在着显著差异，学业成绩为65～80分的大学生在交谈方面的困扰要多于80分以上的大学生；在交际方面，学业成绩为65～80分与80分以上（$p = 0.001$）的大学生之间存在着显著差异，学业成绩为65～80分的大学生在交际方面的困扰要多于80分以上的大学生。在待人接物方面，学业成绩为65分以下和65～80分（$p = 0.001$）、65分以下与80分以上（$p = 0.002$）的大学生之间存在着显著差异，待人接物方面的困扰基本上随着学业成绩的上升而减少。

（七）在是否为学生干部上的差异

为了考察大学应届毕业生在一般自我效能感、人际关系困扰和求职行为及各因子是否存在是否为学生干部上的差异，做独立样本 t 检验，结果如表8-9所示。

从总体上看，一般自我效能感（$p = 0.014$）和求职行为（$p = 0.013$）在是否

表8-9　一般自我效能感、人际关系困扰和求职行为及各维度在是否为学生干部上的差异

因变量	是		否		t	p
	M	SD	M	SD		
一般自我效能感	26.51	4.93	25.48	5.13	2.461*	0.014
人际关系困扰	8.44	5.70	8.38	5.81	0.128	0.898
交谈方面	2.46	1.79	2.31	1.81	1.007	0.314
交际方面	2.63	1.85	2.83	1.98	−1.228	0.220
待人接物方面	1.59	1.57	1.33	1.52	2.010*	0.045
异性交往	1.75	1.76	1.90	1.70	−1.032	0.302
求职行为	60.20	10.15	62.33	10.49	−2.479*	0.013
自主求职	10.70	2.45	11.14	2.42	−2.175*	0.030
求职频率	11.43	2.71	11.82	2.67	−1.765	0.078
关系求职	7.94	2.07	8.00	1.89	−0.345	0.730
求职强度	20.48	4.55	21.28	4.77	−2.052*	0.041
求职短期长期	9.64	3.05	10.09	3.22	−1.706	0.088

为学生干部上均存在显著差异。担任学生干部的大学生在自我效能感上高于未担任学生干部的大学生，但是担任学生干部的大学生在求职行为状况上却不如未担任学生干部的大学生。

对具体的维度分析：在人际关系困扰中，待人接物方面（$p = 0.045$）在是否为学生干部上存在显著差异，担任学生干部的大学生在人际困扰上要多于未担任学生干部的大学生。在求职行为中，自主求职（$p = 0.030$）和求职强度（$p = 0.041$）在是否学生干部上存在显著差异，担任学生干部的大学生在自主求职和求职强度上都不如未担任学生干部的大学生。

（八）在有无兼职上的差异

为了考察大学应届毕业生在一般自我效能感、人际关系困扰和求职行为及各维度上是否存在有无兼职上的差异，做单因素的方差分析，结果如表 8-10 所示。

从总体上看，一般自我效能感、人际关系困扰和求职行为在有无兼职上均不存在显著差异。

表 8-10　一般自我效能感、人际关系困扰和求职行为及各维度在有无兼职上的差异

因变量	有，与专业不相关		有且与专业相关		无		*F*	*p*
	M	*SD*	*M*	*SD*	*M*	*SD*		
一般自我效能感	25.86	5.45	26.04	4.59	25.51	5.14	0.655	0.520
人际关系困扰	8.62	5.92	8.47	6.23	8.13	5.26	0.461	0.631
交谈方面	2.37	1.84	2.34	1.88	2.35	1.73	0.013	0.987
交际方面	2.78	2.01	2.72	1.94	2.82	1.90	0.160	0.852
待人接物方面	1.49	1.59	1.51	1.70	1.25	1.33	2.220	0.109
异性交往	1.98	1.74	1.90	1.85	1.71	1.59	1.584	0.206
求职行为	61.41	10.25	60.71	9.60	62.74	11.15	2.323	0.099
自主求职	11.03	2.33	10.74	2.36	11.20	2.57	2.098	0.124
求职频率	11.68	2.83	11.38	2.31	11.98	2.82	2.837	0.059
关系求职	7.99	1.84	8.01	2.18	7.95	1.84	0.065	0.937
求职强度	20.82	4.69	20.58	4.33	21.60	5.00	3.076*	0.047
求职短期长期	9.88	2.92	9.99	3.31	10.01	3.29	0.110	0.896

对具体的维度分析：只有在求职行为中的求职强度（$p = 0.047$）存在有无兼职上的显著差异。进行进一步的多重比较检验发现：求职强度在有且与专业相关的兼职和无兼职（$p = 0.047$）之间存在着显著差异，有且与专业相关兼职经历的大学生在求职强度上要高于无兼职经历的大学生。

（九）在学校社团参与上的差异

为了考察大学应届毕业生在一般自我效能感、人际关系困扰和求职行为及各维度上是否存在学校社团参与上的差异，做单因素的方差分析，结果如表8-11所示。

从总体上看，一般自我效能感（$p = 0.005$）和人际关系困扰（$p = 0.012$）在学校社团参与上存在显著差异。然后进行进一步的多重比较检验发现：在一般效能感上，参与并组织和没参与（$p = 0.004$）、参与并组织和参与没组织（$p = 0.002$）学校社团的大学生之间存在显著差异，参与并组织学校社团的大学生在一般自我效能感上要高于参与没组织和没参与学校社团的大学生；在人际关系上，参与并组织和没参与（$p = 0.025$）、参与并组织和参与没组织（$p = 0.004$）学校社团的大学生之间存在显著差异，参与并组织学校社团的大学生的人际关系困扰要少于参与没组织和没参与学校社团的大学生。

表8-11　一般自我效能感、人际关系困扰和求职行为及各维度在学校社团参与上的差异

因变量	没参与		参与没组织		参与并组织		*F*	*p*
	M	*SD*	*M*	*SD*	*M*	*SD*		
一般自我效能感	25.42	5.18	25.46	4.97	26.95	5.08	5.421**	0.005
人际关系困扰	8.58	5.84	8.85	5.64	7.22	5.85	4.439*	0.012
交谈方面	2.46	1.84	2.39	1.79	2.16	1.79	1.321	0.267
交际方面	2.76	1.92	3.02	1.94	2.27	1.91	8.152***	0.000
待人接物方面	1.44	1.69	1.40	1.45	1.39	1.52	0.081	0.922
异性交往	1.92	1.69	2.04	1.73	1.40	1.67	7.737***	0.000
求职行为	62.15	11.24	61.93	9.84	60.59	10.51	1.161	0.314
自主求职	11.22	2.60	10.92	2.15	10.92	2.74	1.123	0.326
求职频率	11.84	2.88	11.71	2.55	11.51	2.71	0.680	0.507
关系求职	7.88	2.08	7.97	1.81	8.14	2.05	0.805	0.448
求职强度	20.99	4.96	21.32	4.53	20.53	4.76	1.522	0.219
求职短期长期	10.22	3.52	10.02	3.02	9.49	2.96	2.463	0.086

对具体的维度分析：人际关系困扰中的交际方面（$p < 0.001$）和异性交往方面（$p < 0.001$）存在的差异性十分显著。进行进一步的多重比较检验发现：交际方面在参与并组织和没参与（$p = 0.017$）、参与并组织和参与没组织（$p < 0.001$）学校社团的大学生之间存在显著差异，参与并组织学校社团的大学生在交际方面的困扰要低于参与没组织和没参与学校社团的大学生；异性交往方面在参与并组织和没参与（$p = 0.004$）、参与并组织和参与没组织（$p < 0.001$）学校社团的大学生之间存在显著差异，参与并组织学校社团的大学生在异性交往方面的困扰也要少于参与没组织和没参与学校社团的大学生。

四、讨论

（一）在性别上的讨论

在本次研究中，一般自我效能感在性别上存在着显著差异，男生的一般自我效能感要明显高于女生的一般自我效能感。这一结果与付梅（2005）的研究结论是一致的，但是与张杉杉和郑日昌（2002）、王同军（2007）及张倩等（2009）的研究结论不一致，他们认为，大学生职业决策自我效能感总体上不存在显著的性别差异。这可能是因为河南省大学应届毕业生在经过实习之后，男大学生在抗挫折和抗压能力上比女大学生强，他们能够迅速地调整自己的心态并树立继续求职的自信，所以男生的一般自我效能感要明显高于女生的一般自我效能感。

人际关系困扰也存在着显著的性别差异，男生在人际关系困扰上要多于女生。这与张倩和桂守才（2009），以及孙崇勇（2007）的研究结论是一致的。这是因为女大学生在语言表达能力上比男大学生更强，在语言天赋，如表达的清晰度、流畅性上总体好于男生。因此女大学生在人际困扰上要少于男大学生。其中，在交谈方面、交际方面和异性交往方面，男生在人际关系困扰上要多于女生，在待人待物方面的困扰要少于女生。这可能是由于男大学生比女大学生的社交范围广，且人际交往的主动性强于女大学生，放在交谈、交际和异性交往方面的精力较多，这些方面的社交活动也多，期望值也较高，因此困扰也就会越多。在待人接物方面，女大学生比男大学生的社交范围窄，她们会将更多的时间和精力放在已接触的人和物上面，因此女大学生在待人接物方面的困扰较多。

在本次研究中，求职行为总体上在大学生的性别上不存在显著差异。这与王同军（2007）的研究结论不一致，他通过研究发现，大学生在总的求职行为方面存在显著的性别差异，女生在求职行为得分上高于男生。结果不一致的原因可能是河南省大学生面临着巨大的就业压力，使男大学生和女大学生都要为了求职和就业而付出自己最大的努力和行动。在求职行为各因子中，关系求职和求职短期长期在性别上存在显著差异，在关系求职上男生的求职状况好于女生的求职状况，但在求职短期长期上，男生的求职状况则不如女生的求职状况。这可能是男大学生在充分利用身边的关系资源和考虑全面性等方面优于女大学生，而女大学生则可能会对一份职业更加坚持和投入更多的精力。

（二）在是否为独生子女上的讨论

从总体上看，一般自我效能感、人际关系困扰和求职行为在是否为独生子女上均不存在显著差异。

对具体的各因子进行分析后发现，独生子女在交谈方面和待人接物的人际关系困扰上都要多于非独生子女。这可能是独生子女一般在家庭里比非独生子女获得父母更多的关注和爱，所以独生子女会更加主动且向外去投射那种爱。而且父母对独生子女的包容和孩子对父母的依赖使得孩子对人际互动期待较高，所以在同别人接触和交谈的过程中，独生子女可能会由于期待过高而失望，产生更多的困扰。

在求职行为各因子中，只有求职短期长期在是否为独生子女上存在显著差异，独生子女的求职状况要好于非独生子女的求职状况。这说明独生子女在求职持续性上的状况要好于非独生子女。这可能是在独生子女家庭中，父母更容易满足孩子的需求，如孩子看中一个玩具，即使父母不想买，孩子的坚持也会使父母更容易妥协。所以独生子女会更加坚持某些事物或某种理念，因为他们的潜意识知道父母最终会满足其要求。因此，独生子女的大学生对求职有更长时间的坚持。

（三）在学校类别上的讨论

在本次研究中，一般自我效能感、人际关系困扰和求职行为在学校类别上均无显著差异。这可能是对于当代河南省大学生，无论其来自重点本科、普通本科还是来自高职高专，从整体上来说都面临着严峻的就业压力，再加上人本主义思想的深化和教育的更加科学化和人性化，使得他们在一般自我效能感整体上差异不大，都面临着人际关系困扰，且求职行为总体上也差异不大。

在各因子中，只有求职行为中的关系求职和求职短期长期在学校类别上存在显著差异，即关系求职和求职长期短期都是在重点本科和高职高专之间差异显著，并且重点本科学生的求职状况在这两方面都不如高职高专学生。这可能是因为重点大学效应使重点本科的学生认为有能力独立去寻找一份适合自己的工作，而不用依赖亲朋好友和其他关系，所以重点本科的学生在关系求职的得分会高于高职高专的学生。另外，一般来说，重点大学或本科大学多为综合性大学，所以学生学的偏理论，专业性和实用性方面可能不如高职高专学生。因此，高职、高专的大学生会对寻求某一工作付出的努力坚持的时间更长。

（四）在专业上的讨论

从总体上，一般自我效能感在文史类和理工类大学生之间差异显著，理工类大学生的一般自我效能感要高于文史类大学生。这与付梅（2005）的研究结论也是一致的。这可能是理工类大学生在技术性和操作实践性上要强于文史类大学生，在实习期间更容易上手，实践和所学理论更加趋于吻合，所以更容易体现自我价值，更容易树立自信心，获得更高的自我效能感。

人际关系困扰中的交际方面在文史类和艺体类之间差异显著，文史类大学生在交际方面的困扰要多于艺体类大学生。这可能是由于艺体类大学生课程形式多样，实践课、交流活动和外出机会较多，使得他们在对外交际和交流上有优势，在实习期间交际关系的困扰较少。求职行为中的关系求职在文史类和理工类、文史类和艺体类大学生之间均存在显著差异，文史类大学生在关系求职方面不如其他专业的大学生。这可能是因为在本次研究中有两所师范院校，文史类大学生中来自师范专业的较多，他们的就业目标是教师，加上自身在学校的教师培训，所以他们一般会自己去学校找工作，或参加特岗、招教、“三支一扶”考试等。

（五）在城乡上的讨论

从总体上看，人际关系困扰在城乡上存在显著差异，即来自农村的大学应届毕业生在人际关系的困扰上要多于来自城镇的大学应届毕业生，这是与汪雪莲（2005）和刘欣（2004）的研究结论是一致的。这可能是由于从整体上来自农村大学生的教育环境和家庭环境不如来自城镇大学生，获取知识的渠道相对少且在出行和见识方面不如来自城镇大学生，所以在人际关系交往中会有更多的困扰，在交谈和交际中的困扰也要多于城镇大学生。

在关系求职方面，来自农村的应届大学毕业生在求职状况上差于来自城镇的应届大学毕业生。在求职短期长期方面，来自农村的应届大学毕业生的求职状况则好于来自城镇的应届大学生，这可能是因为来自城镇的大学生的家庭环境较为优越，社会关系资源也较多，所以城镇的大学生会更加倾向于利用关系；而农村大学生则只能依靠自身努力进行求职，所以会更加努力去寻求一份工作并坚持下去，使其在求职短期长期方面好于城镇大学生。

（六）在学业成绩上的讨论

人际关系在学业成绩为65分以下和80分以上、65～80分与80分以上的大学生之间存在着显著差异。学业成绩为65分以下的大学生在人际关系困扰上要多于和80分以上的大学生，学业成绩为65～80分的大学生在人际关系困扰上要多于80分以上的大学生。人际关系困扰随着学业成绩的下降而增多。这可能是学业成绩较好的大学生看书较多、知识储备量大，其他大学生又愿意与学习成绩优异的同学在一起交流和交际，从而锻炼了其人际交往能力，因此，他们在人际关系及交谈、交际和待人接物方面困扰较少。

（七）在是否为学生干部上的讨论

一般自我效能感和求职行为在是否为学生干部上均存在显著差异。担任学生干部的大学生在自我效能感状况上高于未担任学生干部的大学生，但是担任学生干部的大学生在求职行为上却不如未担任学生干部的大学生。这可能是担任学生干部的大学生由于经常参加和组织一些活动从而使自身的能力和素质得到一定的提高，有信心面对实习工作中的挑战，所以其自我效能感较强。而没有担任学生干部的大学生由于缺乏一些锻炼和没有干部经历而使自身的竞争能力不如担任学生干部的大学生，他们会付出更多的努力和时间、精力去进行求职，所以担任学生干部的大学生在求职行为上不如未担任学生干部的大学生。

在各因子中，人际关系困扰中的待人接物方面在是否为学生干部上存在显著差异，担任学生干部的大学生在人际困扰上要多于未担任学生干部的大学生。这可能是由于担任学生干部的大学生在行使一些干部权力去安排和组织活动时未能充分考虑他人的感受或损害了部分同学的利益，再加上对圆满完成任务和受人尊重期望较高，所以他们在待人接物方面的困扰较多。

在求职行为中，自主求职和求职强度在是否学生干部上存在显著差异。担任学生干部的大学生在自主求职和求职强度上都不如未担任学生干部的大学生。这可能是由于未担任学生干部的大学生缺乏一些锻炼和没有干部经历而使自身的竞争能力不如担任学生干部的大学生，所以他们会更加主动、更频繁地进行求职。

（八）在有无兼职上的讨论

一般自我效能感、人际关系困扰和求职行为在有无兼职上均不存在显著差异。这可能是由于兼职工作占大学生整体时间的比重相对较少，兼职经历对大学生所产生的影响不是很大且在短期无法被明显地察觉。在各因子中，只有求职行为中的求职强度在有无兼职上存在显著差异，有且与专业相关兼职经历的大学生在求职强度上要高于无兼职经历的大学生。因为有且与专业相关兼职经历的大学生有明确的目标，知道自己适合哪种类型的工作，其工作的动力也更强，所以他们在求职强度上高于无兼职经历的大学生。

（九）在学校社团参与上的讨论

在一般自我效能感上，参与并组织和没参与（$p = 0.004$）、参与并组织和参与没组织（$p = 0.002$）学校社团的大学生之间存在显著差异，参与并组织学校社团的大学生一般自我效能感上要高于参与没组织和没参与学校社团的大学生。这可能是因为参与并组织学校社团的大学生一般是学校社团的负责人，在学校社团工作中能够得到能力锻炼和安排其他人员做决定，所以他们有较高的自信程度和较强的一般自我效能感。在人际关系困扰上，参与并组织和没参与（$p = 0.025$）、参与并组织和参与没组织（$p = 0.004$）学校社团的大学生之间存在显著差异，参与并组织学校社团的大学生在人际关系困扰上要低于参与没组织和没参与学校社团的大学生。这可能是参与并组织学校社团的大学生要和很多的老师、同学和社团成员打交道，从而可以提高自己人际交往的能力，因此他们在人际关系及交际、异性交往方面的困扰较少。

五、小结

（1）一般自我效能感和人际关系困扰在性别上存在着显著差异，男生的一般自我效能感要明显高于女生的一般自我效能感，男生在人际关系困扰上要多于女生。

（2）一般自我效能感在专业上存在着显著差异，一般自我效能感在文史类和理工类之间差异显著，理工类大学生在一般自我效能感上要高于文史类大学生。

（3）人际关系困扰在城乡上存在着显著差异，即来自农村的大学应届毕业生在人际关系困扰上要多于来自城镇的大学应届毕业生。

（4）人际关系困扰在学业成绩上存在着显著差异。学业成绩为 65 分以下和 80 分以上的大学生之间存在着显著差异，学业成绩为 65 分以下的大学生在人际关系困扰上要多于 80 分以上的大学生；学业成绩为 65 ～ 80 分与学习成绩为 80 分以上的大学生之间存在着显著差异，学业成绩为 65 ～ 80 分的大学生在人际关系困扰上要多于学习成绩为 80 分以上的大学生。

（5）一般自我效能感和求职行为在是否为学生干部上存在着显著差异。担任学生干部的大学生在自我效能感状况上高于未担任学生干部的大学生，但是担任学生干部的大学生求职行为却不如未担任学生干部的大学生。

（6）一般自我效能感和人际关系困扰在大学生社团参与上存在着显著差异。大学生的一般自我效能感在参与并组织和没参与、参与并组织和参与未组织学校社团的大学生之间存在着显著差异，参与并组织社团的大学生在一般自我效能感上高于参与没组织和没参与学校社团的大学生；大学生的人际关系困扰在参与并组织和没参与、参与并组织和参与未组织学校社团上存在着显著差异，参与并组织学校社团的大学生在人际关系困扰上要明显少于参与未组织和没参与学校社团的大学生。

第四节　一般自我效能感、人际关系困扰和求职行为的关系分析

一、研究目的和假设

研究目的：考察一般自我效能感、人际关系困扰和求职行为三者之间的关系，以及对三者产生影响的因素。

假设 1：人际关系困扰、一般自我效能感和求职行为三者存在显著相关，即人际关系困扰与一般自我效能感存在显著负相关；人际关系困扰与求职行为存在显著负相关；一般自我效能感与求职行为状况存在显著正相关。

假设 2：学业成绩、人际关系困扰、一般自我效能感、地区发展状况与学校类别都对求职行为产生显著的影响。

二、研究方法

同本章第二节。

三、研究结果

（一）相关关系

如表 8-12 中结果所示，总的来说，一般自我效能感与人际关系困扰呈现显著的负相关，即一般自我效能感越强，人际关系困扰越少。因为求职行为问卷是分数越低，求职行为状况越好，所以一般自我效能感与求职行为状况之间呈现显著正相关，即一般效能感越强，求职行为越好。因此，人际关系困扰和求职行为之间也呈现显著负相关，即大学生的人际关系困扰越多，其求职行为就越差。

表 8-12　一般自我效能感、人际关系困扰和求职行为及各因子的相关性

长较项	一般自我效能感	人际关系困扰	交谈方面	交际方面	待人接物方面	异性交往	求职行为	自主求职	求职频率	关系求职	求职强度	求职短期长期
一般自我效能感	1											
人际关系困扰	−0.219**	1										
交谈方面	−0.171**	0.843**	1									
交际方面	−0.279**	0.858**	0.641**	1								
待人接物方面	−0.043	0.748**	0.540**	0.474**	1							
异性交往	−0.202**	0.834**	0.573**	0.653**	0.514**	1						
求职行为	−0.215**	0.124**	0.092*	0.124**	0.033	0.149**	1					
自主求职	−0.041	0.001	0.04	0.005	−0.051	0.000	0.596**	1				
求职频率	−0.194**	0.063	0.052	0.142**	−0.072	0.061	0.699**	0.490**	1			
关系求职	−0.072	−0.086*	−0.054	0.006	−0.174**	−0.084*	0.440**	0.256**	0.295**	1		
求职强度	−0.246**	0.156**	0.105**	0.141**	0.075*	0.186**	0.879**	0.325**	0.498**	0.211**	1	
求职短期长期	−0.100**	0.174**	0.105**	0.069	0.205**	0.212**	0.661**	0.135**	0.155**	0.072	0.600**	1

从各因子看，一般自我效能感与人际关系困扰的因子之间呈显著负相关，除了待人接物方面；一般自我效能感除了与求职行为的自主求职和关系求职之间不存在显著的相关关系之外，与其他因子之间均存在显著关系；人际关系困扰的各因子与求职行为各因子之间大多数也是显著的相关关系。

（二）回归分析

以学业成绩、人际关系困扰、一般自我效能感、地区发展状况和学校类别为自变量，求职行为为因变量，运用逐步回归（stepwise）分析法来分析它们之间的关系。

根据表 8-13 的结果可以看出：共有 3 个变量进入了回归方程，这 3 个变量共可以解释求职行为的 0.058 的变异量。按照 3 个变量对求职行为预测作用大小排列，分别是一般自我效能感可解释 0.046 的变异量、人际关系可解释 0.006 的变异量和院校类别可解释 0.005 的变异量。也就是说，一般自我效能感、人际关系困扰和院校类别都对求职行为有预测作用，学业成绩和地区发展状况则对求职行为的预测作用不显著。

四、讨论

（一）相关关系讨论

总体上看，一般自我效能感与人际关系困扰之间呈现显著的负相关，这与张倩和桂守才（2009）的研究结论是一致的。除此之外，付梅（2005）通过研究发现大学生一般自我效能感与人际交往能力之间呈现显著的正相

表 8-13　一般自我效能感、人际关系困扰、学校类别对求职行为的多元回归

进入模型顺序	R^2	ΔR^2	ΔF	β	t
一般自我效能感	0.046	0.046	33.529	−0.215	−5.790***
人际关系困扰 一般自我效能感	0.052	0.006	4.498	−0.197 0.080	−5.199*** 2.121*
院校类别 一般自我效能感 人际关系困扰	0.058	0.005	3.985	−0.195 0.086 −0.074	−5.170*** 2.265* −1.996*

关，大学生的一般自我效能感越强，其人际交往能力就越强，其人际关系困扰就越少。一般自我效能感强的大学生，会更有信心和有更强的人际交往能力去主动面对人际关系中的各种问题，因此其在人际关系中的困扰较少。

一般自我效能感与求职行为之间呈显著正相关，即一般效能感越强，求职行为越好。这与胡艳红（2003）、陈秀英和李晓萍（2006），以及王同军（2007）的研究结论是一致的。一般自我效能感强的大学生会更加自信、更加主动地去求职，有更强的动力去寻求一份适合自己发展、有助于自己成功的工作，所以其求职行为的状况会越好。

人际关系困扰和求职行为也是呈显著的负相关，即人际关系困扰越多，其求职行为就越差。一个人如果在人际关系中的困扰较多，那么他可能陷入情绪困扰中无法自拔，无法用积极的心态进行求职。当求职遇到困难时，他可能会很敏感，容易退缩、自暴自弃，所以求职行为很差。

（二）回归分析的讨论

国内外有关求职行为的预测因素的研究很多。在国外研究中，Schwab（1987）等认为，求职行为的预测因素分为两类：个人特征和劳动力市场因素。个人特征包括就业状况（就业或失业）、职业偏好、培训和个人能力。Kanfer 等（2001）将求职行为的预测因素归为 6 类：个性特征、求职期待、自尊、动机、社会支持和人口学变量。个性特征中的外向性和责任感对求职行为（将求职强度与频率作为求职行为的测量指标）有最强的预测作用。其他如自尊、自我效能、就业承诺、经济压力和社会支持也与求职行为呈现显著相关。在人口学变量中，年龄、工作年限与求职行为存在负相关。教育水平与求职行为存在正相关，即受教育水平越高，则求职行为更强。在国内，曹金华和曹爱华（2005）进行了研究生职业生涯探索行为和择业行为的调查分析；范慧玲和施国春（2006）研究了择业效能感对大学生职业探索行为的影响；刘继亮等（2003）对大学生择业行为的影响因素及性别差异进行了研究；刘泽文和宋照礼（2006）综述了计划行为理论在求职领域的应用与评价。

本次研究是从大学生学业成绩、人际关系困扰、一般自我效能感、地区发展状况和学校类别方面来考察对求职行为的预测作用。其中，按照 Schwab

（1987）的分类，大学生学业成绩、人际关系困扰与一般自我效能感属于个人特征，地区发展状况和学校类别属于劳动力市场因素。本次研究结果显示：在这5个因素中，只有一般自我效能感、人际关系困扰和院校类别对求职行为有预测作用，学业成绩与地区发展状况的预测作用不显著。这也在一定程度上验证了Kanfer等（2001）的研究结论，即自我效能与求职行为显著相关，教育水平与求职行为存在显著正相关。另外，人际关系困扰与个人能力也关系密切，个人能力比较强、综合素质比较高的大学生能够更好地处理人际关系，因此其人际关系困扰较少。根据三要素对求职行为的作用大小排列，它们分别是一般自我效能感可解释0.046的变异量、人际关系困扰可解释0.006的变异量和院校类别可解释0.005的变异量。因此，要增强大学生的求职行为，就应提高他们的一般自我效能感，减少他们的人际关系困扰和增强高校整体教育水平的建设。

五、小结

（1）人际关系困扰、一般自我效能感和求职行为三者之间存在显著相关，具体来说，人际关系困扰与一般自我效能感存在显著负相关；人际关系困扰与求职行为存在显著负相关；一般自我效能感与求职行为存在显著正相关。

（2）一般自我效能感、人际关系困扰和院校类别都对求职行为有预测作用，而学业成绩和地区发展状况对求职行为的预测作用不显著。

第九章

大学生职业生涯规划能力辅导及就业心理问题的解决对策

第一节　大学生团体心理辅导（提高大学生职业生涯规划能力的课程）

一、研究目的和假设

研究目的：考察大学生团体心理辅导与大学生职业生涯规划能力之间的关系。

假设：以“提高大学生职业生涯规划能力”为主题的大学生团体心理辅导可以通过提高大学生职业生涯规划的能力来减轻就业压力。

二、研究方法

（一）实验设计

本次研究包含一个实验组和一个对照组，分别对两组进行不同的处理，具体措施如表 9-1 所示。

（二）研究对象

随机招募信阳师范学院大一学生 70 名，分为实验组 35 名（女生）和对照组 35 名(30 名女生，5 名男生)。前后共发放问卷 140 份，其中，收回 140 份（回

表 9-1　干预实验处理

实验分组	实验组	对照组
实验处理	进行团体心理辅导	无处理
实验内容	围绕"萍水相逢、生涯理论、探索自我、生涯理论和笑迎未来"5个主题，进行团体辅导	学生按照自然状态在学校学习和生活
时间与频率	每周1次，每次1个主题，持续5周	无

收率为100%)，有效问卷136份（有效率为97%）。

（三）研究工具

陈宇红和江光荣（2009）编制的《大学生就业压力问卷》（前面已介绍）。

（四）研究程序

实验组每周进行1次干预活动（团体心理辅导），试验地点为河南省信阳师范学院教科楼205团体辅导室，共进行5次干预活动，每次45分钟。第一周干预前，我们首先对实验组和对照组同时进行就业压力测量；当5次干预活动结束后，再同时对实验组和对照组进行后测。然后运用SPSS20.0进行数据处理和分析，统计方法采用描述性统计和 t 检验等。

三、研究结果

（一）干预前实验组与对照组的独立样本 t 检验

干预前，我们对实验组和对照组的数据进行独立样本 t 检验，结果如表9-2所示。

由表9-2中的结果可以看出，实施干预前，实验组的大学生就业压力略高于对照组，但二者并不存在显著差异（$p > 0.05$）。这说明实验组和控制组的大学生就业压力干预前总体上是同质的，并不存在显著差异。

表 9-2　实验组与对照组的前测比较（$N = 34$）

实验分组	M	SD	t	p
实验组	165.88	38.66	0.654	0.515
对照组	159.97	35.82		

（二）干预后实验组与对照组的独立样本 t 检验

干预后，我们对实验组和对照组的数据进行独立样本 t 检验，结果如表 9-3 所示。

表 9-3　实验组与对照组的后测比较（N=34）

实验分组	M	SD	t	p
实验组	134.12	29.42	−2.23*	0.029
对照组	152.74	38.67		

实施干预后，实验组的大学生就业压力明显小于对照组的大学生就业压力，且二者之间存在显著差异（$p < 0.05$）。这说明，实验组和对照组的大学生就业压力在干预后总体上存在显著差异。

（三）实验组前测与后测的独立样本 t 检验

我们对实验组前测与后测的数据进行独立样本 t 检验，结果如表 9-4 所示。

表 9-4　实验组的前测与后测比较

项目	M	SD	t	p
前测	165.88	38.66	3.81	0.000
后测	134.12	29.42		

对实验组的前测与后测的数据进行 t 检验，结果如表 9-4 所示：经过干预后的实验组的大学生就业压力明显下降，干预后与干预前存在着显著差异（$p < 0.001$）。这说明经过团体心理辅导干预后，大学生的就业压力显著降低，并且此次团体心理辅导的干预效果明显。

（四）对照组前测与后测的独立样本 t 检验

我们对对照组前测与后测的数据进行独立样本 t 检验，结果如表 9-5 所示。

表 9-5　对照组的前测与后测比较

项目	M	SD	t	p
前测	159.97	35.82	0.80	0.426
后测	152.74	38.67		

对于未干预的对照组，前测和后测之间不存在显著差异（$p > 0.05$）。这说明对照组的大学生职业生涯规划在未被干预的情况下总体上是同质的，并不存在显著差异。

四、讨论

在实施干预前，我们对实验组和对照组的前测分数进行了差异检验，结果表明两组学生在大学生就业压力上的得分不存在显著差异，确保了被试的同质性，这是整个团体心理辅导顺利实施的前提。

对两组被试的前后测量数据统计分析后可知，实验组后测（$M = 134.12$）的大学生就业压力得分显著小于前测（$M = 165.88$）的大学生就业压力得分（$t = 3.81$，$p < 0.001$），说明经过职业生涯规划课程辅导后，大学生的就业压力显著降低。而对照组的大学生前后测得分之间不存在显著差异（$t = 0.80$，$p = 0.426$），说明此次关于提高大学生职业生涯规划能力的团体辅导干预方案对于减少大学生就业压力很有效果。另外，从表 9-3 中可以看出，后测实验组的大学生就业压力得分明显低于后测对照组的得分（$p < 0.05$），即后测实验组的大学生就业压力明显低于后测对照组的就业压力。这进一步说明了此次干预实验的效果显著。

从第八章中的结论可知，大学生职业生涯规划能力和就业压力存在着因果关系，通过提升大学生职业规划能力可以降低大学生的就业压力。本次研究通过实施关于提高职业生涯规划能力课程的干预，提高了实验组职业生涯规划的能力，从而降低了他们的就业压力，进一步验证了第八章中的结论。

经过团体心理辅导后的大学生就业压力之所以能够减少，除了大学生职业生涯规划能力对就业压力作用的理论基础之外，更离不开团体心理辅导的作用。在团体心理辅导中，成员一般会感到轻松、亲切、温馨和安全，可以轻松愉快地参与游戏或活动。这也最大限度地调动了成员的积极性，并激发了他们的潜能。本次研究所采用的干预方案的设计也较为合理。方案围绕“萍水相逢、生涯理论、探索自我、生涯理论和笑迎未来” 5 个主题进行团体辅导，以游戏、知识讲授、职业测评、歌曲、头脑风暴、分享等多种形式进行辅导，增加了团体辅导的趣味性，使成员能够迅速地参与进来并可以自由地表达想法，同时也学习了关于大学生职业生涯规划的相关知识，在无形中提高了职业生涯规划的能力。这些都是此次团体心理辅导成功实施的重要条件。

五、小结

实验组经过 5 次以“提高大学生职业生涯规划能力”为主题的团体心理辅导之后，就业压力明显减少，此次团体心理辅导的干预效果明显。

第二节　大学生就业心理问题解决的对策

一、提升河南省大学生的可就业能力水平

对河南省大学生社会支持、心理资本、可就业能力的总体状况的分析结果显示，三者均达到中等偏上水平。这说明河南省大学生的社会支持、心理资本、可就业能力总体状况较好，但仍有很大的提升空间。此研究结果表明，社会支持和心理资本对大学生的可就业能力均具有显著的正向预测作用。本次研究结果提示我们：在高校开展大学生职业发展与就业指导教育过程中，要想提高大学生可就业能力，既可以从提升大学生的社会支持着眼，也可以从开发大学生的心理资本入手。

河南省大学生可就业能力与就业结果的关系分析结果表明：大学生的可就业能力与就业结果之间存在显著的相关关系，大学生的可就业能力会影响大学生的就业结果。在实际招聘过程中，用人单位也经常把大学生的个人能力作为一个关键的衡量指标，黄巧荣（2009）研究发现，大学生的可就业能力不足是造成我国高校毕业生就业难的重要主观因素。因此，上述研究结果启示我们：解决大学生就业难问题，除了采取常规的策略之外，提升大学生可就业能力也是一个行之有效的途径。

基于以上分析，我们发现：社会支持、心理资本会对可就业能力产生影响，可就业能力又会影响大学生的就业结果。因此，解决河南省大学生就业问题可以

从可就业能力、社会支持、心理资本三个方面入手。

（一）可就业能力的提升

1. 政府方面

政府是国家进行统治和社会管理的机关，行使国家权力。大学生是人才的重要来源，是推动社会持续发展的动力，所以政府有责任也有必要提升大学生的就业能力，让他们尽快地变成人才资源，为国家和社会创造财富，造福人民。政府可以加大投入以增加大学生群体就业能力培训的机会。一般参加过就业能力培训的大学生的就业能力会变得更强。很多的能力是在各种各样的培训之中逐渐培养起来的。政府作为最具权威的官方机构对这些进行有效引导，其号召力大，见效会比较明显。此外，政府要引领社会舆论导向。现在的社会舆论有以偏概全、诋毁高等教育的现象，比如读书无用论、毕业失业论等，这让大学生对大学平添失望，信心不足，从而影响自身的就业能力。所以政府需要引导舆论，使之关注更多的正面信息，用正能量激励大学生。

2. 学校方面

高校作为培养大学生的重要场所，对大学生就业能力的培养有着较为重要的责任。大学生主要生活在高校，高校有义务提升大学生的就业能力。同时，一所大学的学生就业能力越强，也越能提升学校的声誉，对学校的长远发展越有益。学生的就业能力直接反映出学校的综合实力，所以学校很有必要去提升大学生的就业能力，首先应该为学生开设职业生涯的培训课程。大学生大多二十岁左右，正处于职业生涯的萌芽期，他们对自己的职业生涯有着美好的憧憬，但是大多不太切合实际，有的大学生更是在未来的职业生涯上充满迷茫。在这样的时期，高校开设与职业生涯相关的课程能让大学生明白自己应该做什么，要怎样对自己的职业生涯进行整体规划。当同学们有了这样的意识，就会努力提升自己的就业能力。其次，学校应开设各种就业能力培训课。大学生对职业生涯有了意识和规划之后，还需要好好地去执行，执行自己的职业生涯规划就需要各种具体的就业能力。所以，开设能具体提升大学生各种就业本领的培训课程就显得十分必要，比如沟通能力的培训课、变通能力的培训课、合作执行能力的培训课程等。

大学生经过这些就业能力的培训之后，也会在这些就业能力上有相应的提升。再次，学校要为大学生提供更多的实践机会。拥有工作的实际经验会让大学生更加了解工作的本质，从而打破对工作不切实际的幻想。在实践中，大学生会明白自己在哪些工作能力方面欠缺，需做哪些相应的学习和训练，从而提升自己的就业能力。最后，学校应对学生的综合素质进行培养。其实，一个工作得很好的人，不仅仅是就业能力强，他的其他方面的素质如自信、宽容、主动性、责任心等也会很好，所以学校在培养学生时也要对学生的综合素质进行培养。

3. 家庭层面

在大学生就业能力上，家庭因素对大学生的就业能力也有一定的影响。大学生来自于不同的家庭，家庭就是他们温馨的港湾，也是他们的后援，后援的好坏也会对大学生的就业能力产生影响。大学生已经是成年人，具备个人行事能力，也对自己的职业生涯有一定的规划。所以首先，家长不要把自己的思想强加给孩子，要让孩子按自己的人生规划去努力奋斗，只有这样，孩子才会心甘情愿地去做，才会提升就业能力。其次，家长应多与孩子沟通交流、分享经验。大学生在毕业季刚接触职场时，会有很多的未知与疑惑，而家长则是这方面的过来人，应多与孩子沟通交流和分享经验，并适时地对孩子予以点拨指导。孩子有了家长的经验分享和指导，会对自己的不足做出相应的改善，从而提升就业能力。最后，家长要更多地支持孩子。家庭的支持是对孩子最好的帮助，在孩子的就业能力方面也是一样。孩子在就业方面最初会出现很多的不适应以及其他的问题，所以来自家庭的支持必不可少。孩子得到必要的支持，就会让其能力更好地体现，从而提升了他们的就业能力。同时，此次研究也证明了家庭的支持对大学生就业能力有正向的作用。

4. 个人层面

大学生就业能力是属于大学生自己的一种能力，只有大学生自己对这件事情认真对待，其他的措施才能够起到应有的作用和效果，其他的几个方面都是辅助性的。大学生想在毕业之后获得一份自己满意的工作，就必须要提升自己的就业能力，在这个过程中，大学生首先要从思想上认识到提升自身就业能力的重要性。现在的一些大学生还有不切实际的想法，认为自己是天之骄子，不用提升自己的就业能力，只要一毕业就能获得自己理想的工作。其实，有这样的想法是很危险的。大学生只有意识到现今就业形势的严峻并努力提升就业能力，才可能获得自己满意的工作。其次，大学生要注重自身综合素质的培养。一个人的就业能力强，他未必就会找到自己满意的工作，也未必会在工作中做出成绩，因为在工作中除了需要较强的就业能力外，还需要其他的素质来辅助。一个人只有综合素质高，才会在各种事物中做到游刃有余。再次，大学生要注重实践的锻炼。大学生在“象牙塔”里学习和生活了几年，可能对外面的现实社会有着不太实际的认知和想法，当他们在实践中看到了真实的社会，才会理性地看待现实。在实践活动中，大学生还会发现自己的不足，然后再做相应的调整和完善，从而提升自己的就业能力。最后，大学生要保持良好的心态。每当到了毕业季，毕业生往往会产生焦虑、悲观等负面情绪，当看到自己的同学签订了工作合同，一些毕业生便会觉得失衡和不安，从而影响自己真实的就业能力。所以，大学生不要让外界的负面信息影响到自己，要保持良好的就业心态，让自己在择业、就业时发挥出应有的水平。

（二）河南省大学生社会支持水平的提升

1．政府层面

政府应：① 为大学生就业提供更多的政策支持，除了“三支一扶”“西部计划”“大学生创业帮扶”外，还要提供更多的政策支持。② 为应届毕业生创造更多的就业机会，招聘时将重点放在应届毕业生上，尽量解决应届毕业生的就业问题。③ 平等地对待大学生，招聘时不把大学生分为三六九等，杜绝招聘歧视。④ 新闻媒体应减少对大学生就业难、就业压力大等问题的夸大、渲染，尽量减少对大学生就业的负面影响。社会媒体在关注大学生就业难问题的同时，应多给大学生一些正面的引导和积极的支持，给大学生提供更多的就业资讯和择业指导，开设《职来职往》《非你莫属》等类似求职类节目来拓宽大学生的就业渠道。

2．学校层面

学校应：① 多关心大学生，多给大学生一些具体的支持。学校领导、老师和辅导员对大学生要有更为具体的关心和支持，为大学生创造良好的学习环境、生活环境和发展环境。② 在就业难的社会背景下，结合学校自身情况，通过校企合作、召开毕业生招聘会等活动为大学生创造就业条件；支持大学生的自主创业；为考研、考公务员的大学生提供相应的考试辅导和良好的备考环境。③ 以院校为单位，结合学生的求职意愿，为有就业意愿的大学生提供针对性的就业指导。就业指导可以由院校的资深教授、优秀校友或在本专业就业方面比较有经验的教师来承担，让大学生在求职路上得到更多有效的引导和帮助。

3. 家庭层面

家庭应：①多给大学生一些物质和精神方面的支持，不要因为孩子上了大学已经成年就减少对他们的关心。大学生虽然渴望独立和成长，但他们依然需要家庭的温暖、支持和鼓励，家庭的温暖、支持和鼓励会让大学生成长和发展得更好。②保持家庭和睦，给大学生最坚实的精神后盾和心理依靠。③对于面临毕业的大学生，家庭成员在给予鼓励的同时应尽其所能，为大学生求职、择业、就业提供尽可能多的支持。

4. 个人层面

大学生要建立清晰的职业规划意识，不断锻炼和提升自身的综合素质和能力，扩大自己的人际关系网络，合理的职业规划是顺利就业的重要条件和基础。大学生在进入大学以后，应该在专业学习以外积极参与社会实践和公益活动，在实践中积累人脉的同时，能够充分了解自身的特点、特长和劣势，并借助学校的职业咨询和评估体系，了解自己的职业定向，在此基础上，有针对性地提高自己的综合能力，为求职做好充分的准备。除此之外，大学生应加强与亲人、教师和校友的沟通，充分扩展自身的人脉资源和社会资本，提高自己在就业过程中获得社会支持的程度。

（三）河南省大学生心理资本水平的提升

1. 政府层面

政府应鼓励学校开展各种心理健康教育活动，比如心理健康训练营、工作坊等，营造良好的氛围，有序地对大学生进行心理健康的相关教育。政府应组织各类社会实践、专业实习和互动竞赛等活动，比如模拟招聘大赛等，这样既可以使大学生的就业能力得到锻炼，也能使大学生在实践活动中树立自信，提升其心理资本水平。

2．学校层面

学校应该为学生的成长营造良好的环境和氛围，为学生的实践和发展提供充足的机会。学校还应该建立合理的奖励机制，通过对学生优异表现的奖励来强化学生的自我效能感；帮助大学生设立合理的总目标和阶段性目标，并指导他们一步步实现自己的目标，以此提升大学生对于就业的认知和期待感；重视培养大学生的积极归因的心理与思维方式，帮助其形成对自己的正确认识与定位，进而形成对自身职业发展的合理定位，减少由于定位过高无法达到目标，或者定位过低无法产生自我认同和挫折感；重视对大学生进行就业指导，强化大学生的心理健康教育，提升大学生的抗挫折能力。

3．家庭层面

家庭应该鼓励学生自己做力所能及的事情，不能由于溺爱孩子而将所有事情大包大揽。学生在做事情的过程中，通过克服困难最终取得成功，能够树立起较高的自我效能感。家长在孩子面前要树立积极、乐观的形象，因为积极、乐观的家庭氛围也会提升大学生的乐观水平，对大学生的心理资本产生积极的影响。

4．个人层面

大学生在就业方面的目标主要是在毕业的时候能够顺利地找到合适的工作，基于这样的目标，大学生可以设置若干阶段性目标。比如，为了顺利找到自己心仪的工作，大学生需要在知识储备、技能以及实践经验等方面进行积累和提升。在知识储备方面，大学生除了努力学习专业知识外，还要广泛涉猎各个领域的知识，做到博学广识，融会贯通，并获得相应的认证如考取英语等级证书、考取各类资格证书等。在技能提升方面，大学生要进行从事相关行业工作的专业知识储备及专业技能或取得相应资质，如计算机的运用、各种仪器仪表等工具的使用、语言表达能力的训练，人际交往能力的提升、组织领导能力的提升以及情绪调节能力的提升等。在实践经验累积方面，大学生应该积极参与到专业实习和社会实践中，在活动中积累经验，提升自己的动手操作能力和创新能力。

二、缓解大学生的就业压力

本书研究发现，河南大学毕业生就业压力的平均数为2.3，处在中等水平。由于研究时间的差异，本书研究的施测对象是临近毕业的大学生，很多学生已确定工作毕业后的发展方向，导致本书研究与以往就业压力偏高的结果并不一致。但由此我们也可以看出，河南省大学毕业生的就业压力水平也有很大的改善空间。其就业压力来源的得分由高到低依次为缺少求职帮助、专业供求矛盾、职业素质评价、就业竞争环境、自我认识与定位和就业心理预期。河南省大学毕业生在性别、生源地、专业、学校类型、有无兼职、家庭经济水平、专业满意度上存在显著差异。负性生活事件和心理健康不佳等会导致心理健康问题，从而影响到大学生就业的正常进行。针对河南省大学毕业生就业压力的状况，我们特提出如下建议：

（1）社会应该为毕业生就业创造一个公平的竞争环境，以毕业生自身的能力、素质作为聘用标准。政府部门在出台更多、更有利于大学生就业的扶持政策的同时，更应把大学生的就业政策落到实处。媒体要实事求是地宣传报道，不要过度渲染大学生“就业难”，以免增加其不必要的就业心理压力。

（2）高校作为输送人才的主要渠道，应该采取切实可行的措施，完善就业规章制度，积极开拓毕业生就业市场，努力做好大学生的教育管理和就业指导工作；做好大学生就业政策的宣传工作；充分发挥高校招生与就业指导中心职能，多渠道、全方位地为大学生就业提供快捷、真实的就业信息；注重大学生从低年级到高年级全过程的职业指导与人生规划；提高教育质量，注重理论联系实际，注意培养学生的综合素质；针对大学生的实践意识增强、就业压力感受偏向外归因等特点，要重点满足大学生参与实践的合理需要，增加实践机会，提前“演习”就业；同时引导大学生自我调整就业心态，正视就业压力，做好职业规划，合理选择适宜的职业；引导大学生合理设定就业期望，着眼长远发展；培养大学生应对就业压力的积极心态，引导大学生在面对就业压力时从“怨天尤人”到“反省求内”，不断提升其自适应能力。

（3）家庭需要营造积极、乐观的氛围，对孩子在经济上予以支持，在精神上予以鼓励，尊重大学生自己的就业选择。亲朋好友的支持与鼓励将会给毕业生带来持续的动力，对于其求职会有很大帮助。

（4）大学生个体在面对就业压力问题时，对自我的职业素质要有一个合理的评价；对自我有清晰的认识与了解；现实地看待工作职位，正确设定就业心理预期。大学毕业生要想适应当前的社会需求，就要不断提高自身素质。大学生应养成良好的职业素养和心理素质，不断提升各种技能应用水平。当前社会急需的是复合型人才，大学生不能单纯地寄希望于各种机遇，只有在校期间掌握好相应的知识和技能，才能为进入社会打好基础。

三、提高大学生的心理健康水平

本书研究发现，大学毕业生心理健康整体水平处于中等稍偏下，不同家庭经济水平上存在显著性差异。心理健康状况佳的个体的就业压力相对较低，而且心理健康在生活事件与就业压力之间起显著的中介作用。针对河南省大学毕业生心理健康的现状，我们特提出以下几点建议：高校应采取有效措施，重点关注来自家庭经济状况较差的应届毕业生，采取有效措施降低其就业压力，避免其心理健康等问题的发生、发展；应加强心理健康教育的宏观指导，建立和完善心理健康教育体系；结合大学生实际面临的心理健康问题，有针对性地开设心理健康教育课程；大学生自身也要保持积极、乐观的心态。

四、增强大学生的心理弹性

本书研究表明，河南大学毕业生整体的心理弹性状况处于中等偏上水平。将心理弹性各维度平均得分由高到低排序依次为社会资源、家庭凝聚力、对将来的计划、对自我的知觉、社会能力、工作计划风格。在大学毕业生就业压力高的情况下，心理弹性水平高的个体其心理健康状况也佳。虽然毕业生整体心理弹性状况处于偏上水平，但大学毕业生的心理弹性水平还是有很大的提升空间。针对河南省大学毕业生心理弹性的特点，特提出以下建议。

高校要给大学生提供一些直接的帮助来提高大学生的心理弹性，帮助大学生掌握应对挫折的方法，增强心理弹性，主要是在心理健康教育课程上设置与心理弹性相关的课程，在日常的教育宣传工作中侧重使大学生认识到心理弹性重要性的内容。家庭是大学生的坚强后盾，是大学生最直接的支持来源，良好的家庭环境对大学生的身心健康十分重要。因此，家庭需要建立和谐、融洽的氛围，帮助大学生形成良好的情绪、情感和心态及自我调节的能力，减少其心理焦虑，帮助其学会有效处理压力与挫折，增强其心理弹性。本书研究表明，心理弹性较高的大学生能够充分利用自身积极的心理减少压力的不良影响，从而保持心理健康。所以培养积极的心理素质对提升大学生心理弹性十分重要，大学生可以通过一些适当的活动，增加成功体验，增强自信心与自我效能感，学会合理安排活动计划，对自我有合理的认知，增强社会能力。面对挫折时，大学生要运用一些积极的应对方式来面对挫折，缓解压力。大学生人际关系的好坏直接影响其学习生活的其他方面，因此，大学生要学习一些人际交往技巧，培养自己的社交能力以提高社会适应能力。

就业压力较大易产生就业心理问题，因此减小大学生的就业压力有利于大学生就业心理问题的解决。良好的求职行为和状况有利于大学生就业，通过促进其适宜的求职行为来减少大学生的就业心理问题。所以，减小大学生的就业压力和增强其求职行为有利于大学生就业心理问题的解决。根据表 7-16 和表 8-13 可知，提高大学生的职业生涯规划能力和职业成熟度有利于减轻大学生的就业压力；提高大学生的一般自我效能感、减少其人际关系困扰和提高其所在高校的学校类别层次则可以促进大学生的求职行为。因此，本书从大学生职业生涯规划能力、职业成熟度、一般自我效能感、人际关系困扰、学校类别方面提出有利于河南省大学生就业心理问题解决的对策。

五、提高大学生的职业生涯规划能力

从研究结果中可以看出，河南大学生职业生涯规划能力虽然达到了中等水平，但是还有很大的提升空间。因此，提高大学生的职业生涯规划能力能够减小大学生的就业压力，有助于预防和解决河南省大学生的就业心理问题。

（一）大学生个人层面

大学生要提高职业生涯规划意识，学习生涯规划的方法，加强对自身性格、气质、能力、兴趣及价值观等实际情况的了解，善于利用各种有效资源，如职业相关信息、升学资讯、国家政策走向、家庭的社会关系等来制订职业生涯规划和目标，然后根据行动方案来促进职业规划目标的实现。职业生涯规划是一个动态的过程，所以大学生要根据现实情况的变化而不断地评估自己的职业生涯规划，然后做出适度的调整。

（二）学校层面

一方面，各高校及就业指导部门要重视大学生职业生涯规划能力的培养，通过开展多种形式的大学生职业生涯规划辅导，创设有利于大学生职业生涯规划的氛围和情景，如开设大学生职业生涯规划课程、开展团体辅导和个别辅导、加强大学生职业生涯规划的宣传及作用宣讲会、举办职业生涯规划大赛、邀请相关专家和学者举办大学生职业规划讲座等。另一方面，各地高校还要加强大学生职业生涯规划辅导人员的队伍建设，设立大学生职业生涯辅导中心。

（三）家庭方面

家长应辅助子女好做职业生涯规划。父母不是子女职业生涯规划的决策者，而是辅助者。家长应帮助子女充分了解自我并提供一些与职业生涯相关的资讯，并鼓励他们通过一些社会实践来评估、制订适合自己的职业生涯规划。

六、提高大学生的职业成熟度

从本书研究结果可以看出，河南大学生职业成熟度的平均得分为 3.15，处于理论中值 3 附近，这表明河南大学生职业成熟度虽达到中等水平，但距成熟阶段仍有很大的提升空间。因此，提高大学生的职业成熟度可以减小大学生的就业压力，大学生的就业心理问题就不易形成或更容易得到解决。

（一）社会及学校方面

要提高大学生的职业成熟度，社会及学校就要为大学生提供更好、更多的实习平台、就业机会和创业机遇，让他们在社会实践中与所学理论相结合并提升自己的能力，提高自己的综合素质。一方面，在课程设置上，除了理论学习之外，学校还应注重对实用学科和使用技能的传授与培养，适当提高实践课的比例，不断提高学生的实践动手能力。另一方面，学校可以利用自己人力资源集中的优势与企业、公司进行合作，建立实习基地。这样做既为学生提供了锻炼的机会，又为企业未来的发展储备了专业人才。

（二）个人层面

大学生要充分发挥主观能动性并提高自我意识，积极寻求一切有利于自我发展的机会，如担任学生干部、参与社团工作、在校创业、参加区域或学校的比赛等。大学生除了要学好专业知识外，还要在不影响学习和生活的情况下，利用闲暇时间做一些兼职或实习工作，提前适应社会和职场环境，提高自己的职业竞争能力。

（三）家庭层面

大学生的父母要给孩子提供更多的锻炼机会，通过积极寻求和提供可靠的职业信息，适当地帮助孩子培养职业意识和提高孩子的职业能力及社会适应能力，让孩子在正确的方向上逐渐适应社会环境，以便尽快地融入社会，合理规划自己的职业生涯。

七、增强大学生的一般自我效能感

上述研究结果显示，河南大学生一般自我效能感平均得分为25.78，这说明河南大学生在遇到挫折或困难时的自信程度是比较高的（20 ～ 30分表示自信程度较高）。但我们仍可以通过增强大学生的一般自我效能感来促进其求职行为，良好的求职行为状况有利于解决大学生的就业问题，大学生的就业心理问题就会越来越少。

在自我效能感影响因素的相关研究中，直接经验、间接经验、言语劝说和生理情绪状态是影响自我效能感的四种因素（Bandura，1986）。个人亲身经历所获得的经验对自我效能感的形成具有重要的影响作用，重复的或相对稳定的成功有利于提高个体的自我效能感；个体看到与自己能力水平相当的他人或榜样成功时，会增强自信心，其自我效能感会提高，这就是间接经验的影响；有效的言语鼓励、劝说和良好的情绪状态都会帮助个体建立和发展自我效能感。所以，我们根据以上理论提出以下建议。

（一）个人层面

大学生应该养成良好的生活习惯，保持良好的心理和情绪状态，并根据自己的能力和实际情况合理定位，积极参加实践活动，重视成功事件对自己的激励作用。

（二）高校和家庭层面

高校老师、指导人员及学生家长应对大学生进行积极的鼓励和指导，并加强榜样成功事例的宣讲（如通过黑板报、宣传栏、广播、励志讲演讲座等形式），提高大学生的一般自我效能感。

八、减少大学生的人际关系困扰

人际关系和情绪密切相关，长期的情绪问题往往会导致人们出现心理问题，尤其是处于求职和就业中的应届毕业生。因此，拥有良好人际关系的大学生不易产生就业心理问题。非但如此，当大学生产生就业心理问题时，良好的人际关系能使其不良情绪得到释放，心理问题得到解决。根据本书研究结果，河南省应届大学毕业生的人际关系有轻微的困扰，因此，可以通过减少大学生的人际关系困扰来解决大学生的就业心理问题。

（一）大学生个人层面

大学生要培养对同学和老师的信任感，这有助于提高大学生的社交能力和人际交往能力，以及塑造良好的人格。

（二）高校层面

为了减少大学生的人际困扰，高校应丰富校园文化生活，组织大学生多参加集体活动，使大学生树立正确的人际交往观念。学校还应继续完善和加强大学生心理健康方面的工作，如开设大学生心理健康教育课程、举办促进大学生心理健康的活动、增加心理健康辅导教师及专职人员的师资力量、完善大学生心理健康中心机构的职能等。学校还要重视大学生的心理测试工作，做好人际关系问题的预防工作，及时疏导和帮助有人际关系困扰的大学生。

（三）家庭层面

大学生的父母应采用良好的教育方式，多和子女交流谈心，真正地为孩子的长远目标和人生发展着想，并指导和教育子女，以此预防或减少大学生人际关系困扰的发生。

九、提高高校办学质量，增强高校整体实力

根据研究结果可知，学校类别和实力对大学生的求职行为有预测作用，提高高校的办学质量和增强高校的整体实力可以促进大学生的求职行为，进而有利于就业问题的解决。对于提高学校类别，我们主要是从高校层面提出以下建议。

首先，高校要确立科学发展观，包括发展目标、办学类型、人才培养、办学规模、办学层次及办学特色等，并根据学校实际情况和人才市场变化制定相应的发展战略。其次，学校应不断加大资金投入，加强管理，做好基础设施建设和文化建设等工作，如图书馆和网络学习资源平台的建设、增加高学历优秀教师人才的引进与聘用、通过教师专业培训以加强师资力量建设等，继续完善各部门的职能，为大学生创造更好的学习环境。学校还应促进大学生学习素质的发展，使大学生树立自主学习观，营造校园浓厚的文化氛围，潜移默化地影响在校园的大学生。最后，学校还应与社会和市场需求对接，根据社会需要开设相关课程，并建立开放式的教学体系，形成实践教学观。

参考文献

班兰美，黎志健，张玉.（2013）. 大学生职业生涯规划现状及其影响因素. *中国健康心理学杂志，21*（3），460-462.

鲍远通，曹广辉.（2006）. 试论通过职业生涯规划减轻高职生就业压力. *中国大学生就业*，（13），108-109.

曹金华，曹爱华. 2005. 研究生职业生涯探索行为和择业行为的调查分析. *中国青年研究*，（12），41-44.

曹锐. 2012. *心理资本对大学生就业的影响研究*. 山东大学硕士学位论文.

曹杏田，励骅. 2011. 当代大学生心理资本的定量研究. *边疆经济与文化*，（1），42-44.

车文博，张林，黄冬梅，张旭东.（2003）. 大学生心理压力感基本特点的调查研究. *应用心理学，9*（3），3-9.

陈华.（2002）. 中学教师的生活事件及工作压力调查. *中国心理卫生杂志，16*（8），527-528.

陈俊.（2008）. *大学生就业压力、应对方式与自我概念的关系研究*. 苏州大学硕士学位论文.

陈俊.（2009）. 大学生应提早做好职业生涯规划缓解就业压力. *科教文汇（上旬刊）*，（16），77.

陈丽娟.（1982）. 影响生涯发展取向和生涯决策的自我变项与家庭因素之探讨. *初等教育学报*，（6），33-116.

陈利永.（2011）. *高职生应激、心理弹性与心理健康的关系研究*. 河南大学硕士学位论文.

陈姝羽.（2013）. *大学生学业压力、心理弹性及生活满意度的关系研究*. 西南大学硕士学位论文.

陈树林，郑全全，潘健男，郑胜圣.（2000）. 中学生应对方式量表的初步编制. *中国临床心理学杂志，8*（4），211-214.

陈秀英，李晓萍.（2006）. 自我效能感影响职业价值观之定量研究. *教育科学*，（8），13-15.

陈学军.（2010）. *学校支持感和心理资本对大学生职业决策困难的影响*. 中国管理现代化研究会第五届中国管理学年会——组织行为与人力资源管理分会场论文集.

陈滢伊．(2012)．*坚韧人格、社会支持与心理健康的关系研究*．哈尔滨工程大学硕士学位论文．
陈宇红．(2005)．*大学生就业压力及其应对方式的调查研究*．华中师范大学硕士学位论文．
陈宇红．(2009)．大学生就业压力、应对方式与心理健康的相关分析．*广东青年职业学院学报*，*23*(2)，25-28.
陈宇红，江光荣．(2009)．大学生就业压力问卷的编制．*广州大学学报(社会科学版)*，*8*(3)，31-35.
程社明．(2003)．你的职业：职业生涯开发与管理．*中外企业文化*，(2)，19.
崔妍．(2011)．*就业压力对大学应届毕业生焦虑情绪的影响：心理弹性的中介作用*．吉林大学硕士学位论文．
邓冰，黄列玉，王加好．(2012)．大学生生活事件与心理健康相关性分析．*中国学校卫生*，*33*(9)，1144.
丁桂兰．(2006)．*加强大学生心理健康教育的对策思考*．华中师范大学硕士学位论文．
丁锦红，王净．(2000)．在校大学生社会支持状况研究．*首都师范大学学报(社会科学版)*，(1)，114-116.
杜岸政，王瑾，王滨．(2012)．大学毕业生心理弹性自我分化和就业焦虑的关系．*中国学校卫生*，*33*(1)，37-39.
樊潇潇．(2009)．重庆市大学生职业心理成熟度研究．*重庆教育学院学报*，*22*(2)，109-112.
范慧玲，施国春．(2006)．择业效能感对大学生职业探索行为的影响研究．*中国大学生就业*，(15)，101-102.
冯彩玲，樊立三，时勘．(2009)．高校毕业生求职自我效能、求职期望、求职意向和求职行为的关系．*管理评论*，*21*(8)，23-29.
付梅．(2005)．*大学生一般自我效能感与人际交往的关系研究*．安徽师范大学硕士学位论文．
付敏．(2015)．*大学生家庭支持、心理资本与职业倾向的关系研究*．四川师范大学硕士学位论文．
高登峰．(2008)．*大学生学习压力、心理弹性、心理健康的关系研究*．华中科技大学硕士学位论文．
高润．(2008)．*生活事件与心理弹性对陕西部分地区贫困女童心理健康的影响*．陕西师范大学硕士学位论文．
高燕，那佳，李兆良．(2009)．提升女大学生心理资本与应对就业形势．*中国大学生就业*，(13)，77-78.
耿立卿，张野，王倩．(2013)．大学毕业生心理弹性及其与就业压力关系的研究．*中国大学生就业*，(2)，21-25.
郭念锋．(2005)．*心理咨询师：基础知识*．北京：民族出版社．
郭学东，李亚卿，王立娜，申继亮．(2006)．社会支持在初中生生活事件与心理健康间的调节作用．*中国临床心理学杂志*，*14*(5)，530-531.

何露，朱翠英．(2012)．大学生希望水平、社会支持及应对方式的关系研究．*中国农业教育*，(6)，29-32，42.

胡军生，程淑珍．(2008)．师范大学生生活事件和应对方式对心理健康的影响．*中国临床心理学杂志*，*16*(2)，186-188.

胡艳红．(2003)．*大学生择业效能感的因素分析及其与职业兴趣、职业价值观的关系研究*．陕西师范大学硕士学位论文．

黄巧荣．(2009)．大学生就业能力分析及教育策略思考．*职业时空*，(9)，78-79.

霍军亮，丁艳华．(2008)．当代大学生压力现状分析．*湖北成人教育学院学报*，*14*(6)，28-30.

蒋苏芹．(2011)．*大学生心理资本的内涵与结构研究*．南昌大学硕士学位论文．

金华，吴文源，张明园．(1986)．中国正常人 SCL-90 评定结果的初步分析．*中国神经精神疾病杂志*，*12*(5)，260-263.

金科．(2008)．*大学生生涯规划现状研究*．华东师范大学硕士学位论文．

柯江林，孙健敏，李永瑞．(2009)．心理资本：本土量表的开发及中西比较．*心理学报*，*41*(9)，875-888.

雷浩，田澜．(2012)．地方院校大学毕业生就业压力感的实证分析．*继续教育研究*，(2)，118-120.

李超．(2012)．*大学生就业压力、心理弹性与主观幸福感的关系研究*．哈尔滨师范大学硕士学位论文．

李丹，徐鑫锫，刘俊升，吴苹．(2013)．孕期生活事件与妊娠压力：心理健康的中介效应和丈夫支持的调节作用．*心理科学*，(4)，876-883.

李峰．(2012)．大学生择业期望现状及差异性分析研究——以武汉市七所部属高校为例．*人口与发展*，*18*(4)，21-29.

李国祥，周霞．(2013)．员工可就业能力对职业探索、离职倾向、工作绩效的影响．*山东财政学院学报*，(6)，76-82.

李海垒，张文新，张金宝．(2008)．青少年心理韧性量表(HKRA)的修订．*心理与行为研究*，*6*(2)，98-102.

李海星．(2001)．大学贫困生心理健康状况的调查分析．*中国健康心理学杂志*，*9*(6)，424-425.

李虹，林崇德．(2003)．大学生的压力与心理健康．*心理学报*，*35*(2)，222-230.

李丽芳．(2016)．大学本科生就业焦虑与职业成熟度相关研究——基于大学生职业生涯规划的中介效应分析．*湖北科技学院学报*，(2)，103-106.

李琦，潘芳，江虹，刘强，龚明亮，李海．(2004)．大学生就业心理准备中影响其应对方式的相关因素的研究．*中华行为医学与脑科学杂志*，*13*(2)，217-218.

李强．(1998)．社会支持与个体心理健康．*天津社会科学*，(1)，66-69.

李玮玮，曾细花，高磊，张驰．(2014)．应届毕业生求职行为影响因素．*中国健康心理学杂志，22*（1），131-134.

李炜，岳昌君．(2009)．2007 年高校毕业生就业影响因素分析．*清华大学教育研究*，（1），88-95.

李锡津．(1993)．台北市高职学生职业成熟态度相关因素之研究．*教育研究资讯*，（1），118-130.

李艳红．(2002)．贫困大学生心理健康状况与应对方式研究．*中国健康教育，18*（9），566-567.

励骅，曹杏田．(2011)．大学生心理资本与就业能力关系研究．*中国高教研究*，（3），54-56.

梁宝勇，刘畅，杜桂芝，王凡，汪世明，王虎山等．(1994)．择期性腹内手术病人的应激反应与心理准备的研究III：心理准备对病人术后身体恢复的影响．*中国临床心理学杂志，2*（4），204-206.

梁世钟，马蓉仙．(2011)．控制源、社会支持对大学生自我效能的影响．*福建师大福清分校学报*，（2），102-106.

林萍，吴贵明．(2011)．心理资本培育，大学生就业能力提升的应有之题．*福建论坛（人文社会科学版）*，（12），215-218.

林幸台．(1983)．我国高中及大一学生职业决策行为之调查与实验研究．*台湾教育学院辅导学报*，（6），91-124.

刘风川．(2015)．*大学毕业生社会支持、心理弹性与就业压力的关系研究*．东北师范大学硕士学位论文．

刘广珠．(1998)．577 名大学生获得社会支持情况的调查．*中国心理卫生杂志*，（3），48-49.

刘继亮，沈维宇，吴薇．(2003)．大学生择业行为的影响因素及其性别差异分析．思想理论教育，（10），49-51.

刘利敏．(2009)．大学生职业成熟度问卷修编及发展特点研究．西南大学硕士学位论文．

刘贤臣，刘连启，李传琦，马登岱，赵贵芳，杨杰等．(1998)．青少年应激性生活事件和应对方式研究．*中国心理卫生杂志*，（1），46-48.

刘贤臣，刘连启，杨杰，柴福勋，王爱祯，孙良民等．(1997)．青少年生活事件量表的编制与信度效度测试．*精神医学杂志*，（1），15-19.

刘欣，徐光兴．(2004)．大学生人际交往障碍的相关研究．*健康心理杂志，12*（2），128-129.

刘新华，巢传宣．(2014)．高职贫困生就业压力与心理健康的关系，心理弹性的调节作用．*职教论坛*，（17），30-33.

刘阳．(2012)．*大学生就业压力对就业焦虑的影响，就业应对方式的中介作用*．江西师范大学硕士学位论文．

刘瑜．(2009)．*大学生乐观、社会支持、应对方式与抑郁的关系研究*．广西师范大学硕士学位论文．

刘玥．(2013)．*大学生就业压力、职业成熟度及职业延迟满足的关系研究*．湖北大学硕士学位论文.

刘玥，吴海燕.（2016）. 大学生就业压力、职业成熟度及职业延迟满足的关系研究. *科技展望*，*26*（14），342.

刘泽文，宋照礼.（2006）. 计划行为理论在求职领域的应用与评价（综述）. *中国心理卫生杂志*，*20*（2），118-120.

刘志宏.（2005）. *初中生校园压力因果模型建构与压力疏导团体辅导研究*. 辽宁师范大学硕士学位论文.

刘志明.（2015）. 技工院校实习生职业成熟度和职业生涯规划调查分析. *职业*，（29），146-147.

龙立荣，方俐洛，凌文辁.（2000）. 职业成熟度研究进展. *心理科学*，*23*（5），595-598.

鹿平玲.（2017）. 大学生心理资本对学习成绩和人际关系的影响. *开封教育学院学报*，*37*（7），161-163.

鲁洁，吴康宁.（1990）. *教育社会学*. 北京：人民教育出版社.

路晓倩.（2011）. *本科毕业生就业压力、心理弹性与焦虑水平的关系研究*. 广州大学硕士学位论文.

罗繁荣.（2010）. *大学生就业压力、职业成熟度及应对方式的关系研究*. 湖南师范大学硕士学位论文.

罗锡莉，张进辅.（2008）. 大学生职业成熟度结构及问卷编制. *心理学探新*，*106*（2），59-64.

吕兆华.（2012）. *大学生心理资本与就业力的相关性研究*. 广西师范大学硕士学位论文.

马远.（2003）. *职业进入前青年人的职业成熟度问卷研制及影响因素探讨*. 暨南大学硕士学位论文.

闵维方，丁小浩，文东茅，岳昌君.（2006）. 2005 年高校毕业生就业状况的调查分析. *高等教育研究*，（1），31-38.

莫志兵，陶晶（2005）. 学生干部与普通学生情商和社会支持的对比研究. *中国行为医学科学*，（8），750.

彭杰，李向阳.（2014）. 大学生幸福感与心理资本及其关系研究. *内蒙古师范大学学报（教育科学版）*，（10），109-110.

乔婷婷.（2010）. *大学生主观幸福感与学业成就归因、就业压力的关系研究*. 华东师范大学硕士学位论文.

乔志宏，王爽，谢冰清，王祯.（2011）. 大学生就业能力的结构及其对就业结果的影响. *心理发展与教育*，*27*（3），274-281.

邱桂平，张丽锦.（2009）. 普通高校毕业生就业压力状况研究. *教育理论与实践*，（15），8-10.

萨帕.（1992）. *职业的有效管理*. 仇海清译. 北京：生活•读书•新知三联书店.

尚博.（2003）. *个人职业发展规划：问题·实例·解析*. 第 1 版. 北京：经济管理出版社.

邵贵平.（2006）. 贫困大学生社会支持和应对方式与心理健康的相关研究. *中国健康心理学*

杂志，（3），295-296.

师玉生，安桂花.（2014）. 大学生心理资本与就业能力的现状调查与对策分析 . *社会心理科学*，（4），64-72.

施谊娅.（2006）. *主管职业支持与知识型员工就业力、工作绩效关系研究* . 浙江大学硕士学位论文 .

石美玲.（2014）. *大学生生活事件、心理弹性与生活满意度的关系研究* . 华中师范大学硕士学位论文 .

史雨.（2002）. 青年生涯发展比较研究 . *现代社会科学*，（12），32.

舒晓丽.（2006）. *大学毕业班学生就业压力源、应对方式与焦虑的关系研究* . 湖南师范大学硕士学位论文 .

孙崇勇.（2007）. 师范类大学生人际关系行为困扰的调查研究 . *中国特殊教育*，（10），86-90.

禤展铭，黄仕强，李绮玲.（2011）. 大学生就业能力与人际关系浅析 . *广西教育*，（3），115-117.

谭和平.（1998）. 中学生心理健康量表编制研究 . *心理科学*，*21*（5），429-432.

谭晟.（2009）. 大学生的心理弹性、积极情绪与压力适应 . *中国科教创新导刊*，（16），249.

唐秋萍，程灶火，袁爱华，邓云龙.（1999）. Scl-90 在中国的应用与分析 . *中国临床心理学杂志*，（1），16-20.

田圣会.（2010）. *大学生就业压力实证研究——基于对湖南省十所高校在校大学本科生的调查* . 武汉大学硕士学位论文 .

汪雪莲，许能锋.（2005）. 医学生的人际关系困扰及其影响因素 . *中国心理卫生杂志*，*19*（4），23-26.

王蓓，苗元江，蒋苏芹.（2011）. 大学生心理资本状况及其相关研究 . *校园心理*，（4），222-225.

王德强.（2007）. 认知评价、心理控制源、社会支持与大学生就业压力关系的研究 . *中国健康心理学杂志*，*15*（12），1142-1145.

王峰.（2008）. *大学生就业压力与择业取向的相关性研究* . 南京师范大学硕士学位论文 .

王晶晶.（2015）. 论大学生人际关系和大学生就业观念的影响 . *人才资源开发*，（16），41.

王同军.（2007）. *大学生的职业归因风格、职业价值观、职业决策自我效能与求职行为的关系* . 山东师范大学硕士学位论文 .

王卫平，薛朝霞，牛利，王冰.（2012）. 应对方式在工作压力与心理健康之间的中介作用机制 . *中国卫生统计*，*29*（3），330-332.

王小桃，罗贵明.（2011）. 大学生就业压力对自杀态度及意念影响 . *中国公共卫生*，*27*（11），1418-1419.

王燕秋，张佳佳，任景敏，黄健，李敏，许莹等.（2010）. 大学生心理弹性及其影响因素分析 . *第三军医大学学报*，*32*（7），684-687.

王征宇.（1984）. 症状自评量表（SCL-90）. *上海精神医学*，*2*（2），68-70.

温忠麟，侯杰泰，张雷.（2005）. 调节效应与中介效应的比较和应用. *心理学报，37*（2），268-274.

温忠麟，张雷，侯杰泰，刘红云.（2004）. 中介效应检验程序及其应用. *心理学报，36*（5），614-620.

吴靖媛.（2011）. 高中生物理自我效能研究. 曲阜师范大学硕士学位论文.

吴旻，范婷，吴先群.（2015）. 江西省大学生积极心理资本与就业的关系研究. *赣南师范学院学报，*（4），115-118.

伍满桂，吴道友，文晓凤.（2007）. 就业能力、求职强度与就业绩效关系研究. *技术经济，*（5），61-66.

袭开国，顾雪英.（2010）. 大学生职业生涯规划能力问卷的编制. *心理学探新，30*（1）：78-84.

肖水源.（1987）. 社会支持对身心健康的影响. *中国心理卫生杂志，1*（4）：183-187.

肖水源.（1994）.《社会支持评定量表》的理论基础与研究应用. *临床精神医学杂志，*（2），98-100.

肖雯，李林英.（2010）. 大学生心理资本问卷的初步编制. *中国临床心理学杂志，18*（6），691-694.

谢桂阳，程刚.（2002）. 高校贫困生的个性特征及心理健康状况. *心理科学，25*（5），632.

熊红星.（2006）. *中国大学生职业成熟度问卷编制及其特点研究*. 江西师范大学硕士学位论文.

徐辰.（2012）. *大学生社会支持、心理资本与职业决策困难的关系研究*. 哈尔滨工程大学硕士学位论文.

许敏.（2014）. *大学生社会支持、心理资本与职业成熟度的关系研究*. 四川师范大学硕士学位论文.

杨彩霞.（2008）. *大学生复原力与压力事件、心理健康的关系研究*. 河北师范大学硕士学位论文.

杨会芹，刘晖，王改侠.（2013）. 农村籍大学毕业生心理资本对生活压力与心理健康关系的调节效应. *中国临床心理学杂志，21*（2），260-262.

杨立状，吕兖周.（2008）. *《成人心理弹性量表》的心理测验学分析*. 中国科技论文.

杨玲.（2007）. 高职生职业成熟度探究——基于上海市三所高职院校的调查分析. *职教通讯，*（1），50-52.

杨阳.（2013）. 大学生心理弹性研究现状及其存在的问题. *开封大学学报，27*（3），81-83.

尤敬党，吴大同.（2003）. 生涯教育论. *江苏教育学院学报（社会科学版），*（1），12-16.

于海波，许春燕，周霞，晏常丽.（2010）. 大学生可就业性的测量及其对求职行为和求职绩效的影响. *未来与发展，*（9），91-96.

于海波，郑晓明，许春燕，晏常丽.（2014）. 大学生可就业能力与主客观就业绩效：线性与倒 U 型关系. *心理学报，46*（6），807-822.

余欣欣，郑雪.（2011）. 大学生乐观及其与心理健康的关系：社会支持、应对策略的中介作用．*广西师范大学学报（哲学社会科学版）*，（5），126-134.

张彬彬，郑日昌．（2002）．507 名理工科大学生择业效能感现状分析．*中国心理卫生杂志*，*16*（11），776-778.

张凡迪．（2015）．"90 后" 大学生积极心理资本现状．*沈阳大学学报（社会科学版）*，（1），106-109.

张阔，张赛，董颖红．（2010）．积极心理资本：测量及其与心理健康的关系．*心理与行为研究*，（1），58-64.

张丽锦，邱桂平．（2007）．大学毕业班学生就业压力问卷的初步编制．*中国学校卫生*，*28*（8），696-698.

张林，车文博，黎兵．(2003)．大学生心理压力感量表编制理论及其信、效度研究．*心理学探新*，*23*（4），47-51.

张倩，桂守才．(2009)．大学生人际关系困扰、一般自我效能感及其相关性研究．*扬州大学学报*，*13*（4），36-40.

张绍刚，厉飞飞．(2008)．大学毕业生自我效能感与社会支持的关系研究．*科技信息(学术研究)*，（24），320-321.

张微．（2006）．*大学生职业生涯规划研究*．哈尔滨工程大学硕士学位论文．

张晓琳．（2014）．*就业质量与经济发展水平的相关性研究*．南京财经大学硕士学位论文．

张璇．（2012）．*大学生一般就业能力及影响因素研究*．湖北大学硕士学位论文．

张月娟，阎克乐，王进礼．（2005）．生活事件、负性自动思维及应对方式影响大学生抑郁的路径分析．*心理发展与教育*，*21*（1），96-99.

张智勇，荣煜，管延军．(2006)．中国大学生职业成熟度量表的信度与效度．*西南师范大学学报（人文社会科学版）*，*32*（5），1-6.

赵丹娣．（2008）．辽宁省师范类大学生就业压力与择业取向的研究．*中国健康心理学杂志*，16（4），375-377.

赵涵．（2013）．*大学生心理资本现状及干预研究*．东北师范大学硕士学位论文．

赵维燕， 刘明慧， 段熙明， 徐芳芳，李青青．（2015）．大学生社会支持与求职行为的关系研究．*济宁医学院学报*，（6），421-423.

郑邓虹， 张旭东， 杜锦初， 李嘉誉， 林丹霞，曹卉．（2011）．应付方式对广东高中生负性生活事件的影响：心理韧性的中介作用．*中国心理学会成立 90 周年纪念大会暨全国心理学学术会议*．

郑海燕．（2006）．*大学生职业成熟度的结构及其发展特点*．西南大学硕士学位论文．

郑威．(2010)．*未来取向应对与大学生求职压力、求职行为关系*．北京大学硕士学位论文．

郑伟芹．（2010）．提高大学生心理素质是提升其就业能力的关键．*大众科技*，（7），203-204.

郑延平，杨德森．（1990）．中国生活事件调查（一）：紧张性生活事件在正常人群中的基本特征．*中国心理卫生杂志*，（6），28，262-267.

钟江勇．（2016）．*大学生就业能力与社会支持的关系研究*．重庆师范大学硕士学位论文．

周东斌，罗嘉文，林伟英．（2005）．大学生就业压力与家庭关怀状况调查．*社会工作与管理*，*5*（3），76-80.

周丽，高玉峰，邱海棠，杜莲，郑玉萍，蒙华庆．（2008）．留守初中生心理健康与生活事件、应对方式的关系．*中国心理卫生杂志*，*22*（11），796-800.

周利霞．2012. *大学生心理资本问卷编制及其相关因素研究*．上海师范大学硕士学位论文．

周小林，程虹娟，陈华．（2000）．对 2177 名大学生心理健康状况的分析．*四川精神卫生*，（2），122-123.

周永红，吕催芳，徐凡皓．（2013）．留守儿童心理弹性与心理健康的关系研究．*中国特殊教育*，（10），52-59.

周紫婷．（2014）．大学生心理资本与职业决策自我效能的关系．*中国健康心理学杂志*，（12），1819-1822.

朱静怡．（2008）．*职业成熟度、毕业生职业选择行为及就业状况的关系研究——以华中科技大学为例*．华中科技大学硕士学位论文

朱晓娣．（2008）．*当前硕士毕业生就业压力与情绪状态及相关因素的研究*．南京师范大学硕士学位论文．

朱玉梅．（2011）．*大学生压力知觉、心理弹性及应对方式的关系研究*．哈尔滨工程大学硕士学位论文．

Ahern，N. R.（2006）. Adolescent resilience：An evolutionary concept analysis. *Journal of Pediatric Nursing-nursing Care of Children & Families*，*21*（21），175-185.

Aiken，L. S.，& West，S. G.（1994）. Multiple regression：Testing and interpreting interactions. *Journal of the Operational Research Society*，*15*（1），167-168.

Arocena，P.，Núñez，I.，& Villanueva，M.（2007）. The effect of enhancing workers' employability on small and medium enterprises： evidence from spain. *Small Business Economics*，*29*（1/2），191-201.

Ashforth，B. E.，& Kreiner，G. E.（1999）. "How can you do it?"： Dirty work and the challenge of constructing a positive identity.*Academy of Management Review*，*24*（3），413-434.

Avey，J. B.，Luthans，F.，Smith，R. M.，& Palmer，N. F.（2010）. Impact of positive psychological capital on employee well-being over time. *Journal of Occupational Health Psychology*，*15*（1），17-28.

Bandura，A.（1986）. *Social Foundation of Thought and Action*. Englewood Cliffs，N. J：Prentice-Hall.

Bandura，A.（1997）. *Self-efficacy*：*The Exercise of Control*. New York：W. H. Freeman and Company.

Baron，J. N.，& Bielby，W. T.（1986）. The proliferation of job titles in organizations. *Administrative Science Quarterly*，*31*（4），561-586.

Baron，R.M.，& Kenny，D.A.（1986）. The moderator-mediator variable distinction in social psychological research: Conceptual, strategic and statistical considerations. *Journal of Personality and Social Psychology*, 51, 1173-1182.

Betz, N. E. (1988). *Career Decision Making*. Hillsdale, NJ: Erlhaum.

Bian, Y. (1997). Bringing strong ties back in: Indirect ties, network bridges, and job searches in china. *American Sociological Review*, *62* (3), 366-385.

Blankstein, K. R., & Others, A. (1991). The brief college student hassles scale: development, validation, and relation with pessimism. *Journal of College Student Development*, *32* (3), 258-264.

Block, J., & Kremen, A. M. (1996). IQ and ego-resiliency: Conceptual and empirical connections and separateness. *Journal of Personality & Social Psychology*, *70* (2), 349-361.

Bonanno, G. A. (2004). Loss, trauma, and human resilience: Have we underestimated the human capacity to thrive after extremely aversive events?. *American Psychologist*, *59* (1), 20.

Bonanno, G. A., Galea, S., Bucciarelli, A., & Vlahov, D. (2007). What predicts psychological resilience after disaster? The role of demographics, resources, and life stress. *Journal of Consulting & Clinical Psychology*, *75* (5), 671.

Boyle, G. J., Borg, M. G., Falzon, J. M., & Jr, B. A. (1995). A structural model of the dimensions of teacher stress. *British Journal of Educational Psychology*, *65* (1), 49.

Bretz, R.D., Boudreau, J.W., & Judge, T.A. (1994). Job-search behavior of employed managers. *Personnel Psychology*, *47* (2), 275-301.

Brewer, M. B. (2009). Motivations underlying ingroup identification: Optimal distinctiveness and beyond. In *Intergroup Relations: The Role of Motivation and Emotion*, London: Psychology Press, 3-22.

By, P., Gregory R., Sarason, I. G., Sarason, B. R. (1991). General and relationship-based perceptions of social support: Are two constructs better than one? *Journal of Personality and Social Psychology*, *61* (6), 1028-1039.

Cannon, W. B., & Lissák, K. (1939). Evidence for adrenaline in adrenergic neurones. *American Journal of Physiology*, *125* (4), 765-777.

Chang, E. C., & Sanna, L. J. (2003). Experience of life hassles and psychological adjustment among adolescents: Does it make a difference if one is optimistic or pessimistic?. *Personality & Individual Differences*, *34* (5), 867-879.

Christian, S. C., Preisler, J. J., Aussprung, J. (1992). Measuring life event stress in the lives of college students: The Undergraduate Stress Questionnaire (USQ). Journal of Behavioral Medicine, *15* (6), 627-662.

Cohen, S., & Rodriguez, M. S. (1995). Pathways linking affective disturbances and physical disorders. *Health Psychology Official Journal of the Division of Health Psychology American Psychological Association*, *14*（5）, 374-380.

Connor, K. M., & Jonathan, R. T. D. M. D.（2003）. Development of a new resilience scale: The connor-davidson resilience scale（cd-risc）. Depression and Anxiety, *18*（2）, 76-82.

Constantine, N. A., Benard, B., & Diaz, M.（1999）. Measuring protective factors and resilience traits in youth: The healthy kids resilience assessment. Unpublished Work.

Coyne, J. C., Schwenk, T. L., & Smolinski, M.（1991）. Recognizing depression: A comparison of family physician ratings, self-report, and interview measures.*Journal of the American Board of Family Practice*, *4*（4）, 207.

Crandall, C. S., Preisler, J. J., & Aussprung, J.（1992）. Measuring life event stress in the lives of college students: The undergraduate stress questionnaire（usq）. *Journal of Behavioral Medicine*, *15*（6）, 627-662.

Crites, J. O.（1974）. The career maturity inventory. In *Super* D.E.（Ed）.*Measuring Vocational Maturity for Counseling and Evaluation*（PP.25-39）. Washington, D.C: American Personal and Guidance Association.

Crites, J. O.（1978）. *Theory and Research Handbook for the Career Maturity Inventory*（2nd ed）. Monterey, CA: Mc Graw-Hill/CTB.

Derogatis, L. R., Rickels, K., & Rock, A. F.（1976）. The SCL-90 and the mmpi: A step in the validation of a new self-report scale. *British Journal Psychiatry*, *128*（3）, 280-289.

Diener, E., Gohm, C. L., Suh, E. M., & Oishi, S.（2000）. Similarity of the relations between marital status and subjective well-being across cultures. *Journal of Cross-Cultural Psychology*, *31*（4）, 419-436.

Earley, P. C., & Kanfer, R.（1985）. The influence of component participation and role models on goal acceptance, goal satisfaction, and performance .*Organizational Behavior & Human Decision Processes*, *36*（3）, 378-390.

Farber, E. W., Schwartz, J. A., Schaper, P. E., Moonen, D. J., & Mcdaniel, J. S.（2000）. Resilience factors associated with adaptation to hiv disease. *Psychosomatics*, *41*（2）, 140-146.

Fazel, S., Cartwright, J., Normannott, A., & Hawton, K.（2008）. Suicide in prisoners: a systematic review of risk factors. *Journal of Clinical Psychiatry*, *69*（11）, 1721-1731.

Fred, L., & Carolyn, M. Y.（2007）. Emerging positive organizational behavior. *Journal of Management*, *33*（3）, 321-349.

Friborg, O., Hjemdal, O., Rosenvinge, J. H., & Martinussen, M.（2003）. A new rating scale for adult resilience: What are the central protective resources behind healthy adjustment?. *International Journal of Methods in Psychiatric Research*, *12*（2）, 65-76.

Friborg, O., Hjemdal, O., Rosenvinge, J. H., Martinussen, M., Aslaksen, P.

M., & Flaten, M. A. (2006). Resilience as a moderator of pain and stress. *Journal of Psychosomatic Research*, *61* (2), 213-219.

Fugate, M., Angelo, J. K., & Ashforth, B. E. (2004). Employability: A psycho-social construct, its dimensions, and applications. *Journal of Vocational Behavior*, *65* (1), 14-38.

Fugate, M., & Ashforth, B. E. (2003). Employability: The construct, its dimensions, and applications. *Academy of Management Annual Meeting Proceedings*, (1), J1-J6.

Fugate, M., & Kinicki, A. J. (2008). A dispositional approach to employability: Development of a measure and tests of implications for employee reactions to organizational change. *Journal of Occupational and Organizational Psychology*, *81* (3), 503-527.

Goodyer, I. M. (1996). Recent undesirable life events: Their influence on subsequent psychopathology. *European Child & Adolescent Psychiatry*, *5* (1), 33-37.

Grant, Adam, M., Berg, J. M., & Cable, D. M. (2014). Job titles as identity badges: How self-reflective titles can reduce emotional exhaustion. *Academy of Management Journal*, *57* (4), 1201-1225.

Gregory, R. P., Irwin, G. S., & Barbara, R. S. (1991). General and relationship-based perceptions of social support: Are two constructs better than one?. *Journal of Personality and Social Psychology*, *61* (6), 1028-1039.

Herr, E. L., & Enderlein, T. E. (1976). Vocational maturity: The effects of school, grade, curriculum and sex. *Journal of Vocational Behavior*, *8* (2), 227-238.

Hjemdal, O., Friborg, O., Stiles, T. C, Martinussen, M., Rosenvinge, J. H. (2006). A new scale for adolescent resilience: Grasping the central protective resources behind healthy development. *Measurement & Evaluation in Counseling & Development*, *39* (2), 84-96.

Hobfoll, S. E. (1989). Conservation of resources: A new attempt at conceptualizing stress. *American Psychologist*, *44* (3), 513.

Hobfoll, S. E., Johnson, D. J., Nicole, E., & Jackson, A. P. (2003). Resource loss, resource gain, and emotional outcomes among inner city women. *Journal of Personality and Social Psychology*, *84* (3), 632-643.

Holmes, T. H., & Rahe, R. H. (1967). The social readjustment rating scale. *Journal of Psychosomatic Research*, *11* (2), 213.

Horesh, N., Klomek, A. B., & Apter, A. (2008). Stressful life events and major depressive disorders. *Psychiatry Reseatrch*, *160* (2), 192-199.

House, A. (1987). Mood disorders after stroke: A review of the evidence. *International Journal of Geriatric Psychiatry*, *2* (4), 211-221.

Howard, S., & Johnson, B. (1999). Tracking student resilience. *Children Australia*, *24* (3), 14-23.

Jackson, B., Sellers, R. M., & Peterson, C. (2002). Pessimistic explanatory style moderates the effect of stress on physical illness. *Personality & Individual Differences*，*32*（3），567-573.

James， L. R.， & Brett， J. M. （1984）. Mediators， moderators， and tests for mediation. *Journal of Applied Psychology*，*69*（2），307-321.

Jensen， S. M.， & Luthans， F. （2006）. Relationship between entrepreneurs' psychological capital and their authentic leadership. *Journal of Managerial Issues*，*18*（2），254-273.

Jew， C. L.， Green， K. E.， & Kroger， J. （1999）. Development and validation of a measure of resiliency. *Measurement & Evaluation in Counseling & Development*，*32*（2），75-89.

Jokisaaria M， Nurmib J-E. （2005）. Company matters： Goal-related social capital in the transition to working life. *Journal of Vocational Behavior*，*67*（3），413-428.

Judge，T.A.，&Bono，J.E. （2001）. Relationship of core self-evaluations traits-self-esteem，Generalized self-efficacy，locus of control， and emotional stability-with job satisfaction and job performance：A meta-analysis. *Journal of Applied Psychology*，*86*（1），80-92.

Kanfer， R.， & Hulin， C. L. （1985）. Individual differences in successful job searches following lay-off. *Personnel Psychology*，*38*（4），835-847.

Kanfer，R.，Wanberg，C.R.，&Kantrowitz，T.M. （2001）. Job search and employment：A personality-motivational analysis and meta-analytic review. *Journal of Applied Psychology*，*86*（5），837-855.

Kessler， R. C.， And， R. H. P.， & Wortman， C. B. （1991）. Social factors in psychopathology： Stress， social support， and coping processes. *Annual Review of Psychology*，*42*（36），401-425.

Kyriacou， C.， & Sutcliffe， J. （1978）. Teacher stress：Prevalence， sources， and symptoms. *British Journal of Educational Psychology*，*48*（2），159.

Larson， M.， & Luthans， F. （2006）. Potential added value of psychological capital in predicting work attitudes. *Journal of Leadership & Organizational Studies*，*13*（1），45-62.

Latack，J.C.，Kinicki，A.J.，& Prussia，G.E. （1995）. An integrative process model of coping with job-loss. *Academy of Management Review*，*20*（2），311-342.

Lavoie， J. A. A.， & Douglas， K. S. （2012）. The perceived stress scale： Evaluating configural， metric and scalar invariance across mental health status and gender. *Journal of Psychopathology and Behavioral Assessment*，*13*（1），34-48.

Law， K. S.， Wong， C. S.， & Mobley， W. H. （1998）. Toward a taxonomy of multidimensional constructs. *Academy of Management Review*，*23*（4），741-755.

Lazarus， R. S. （1966）. *Psychological Stress and the Coping Process*. New York： McGraw-Hill.

Lazarus，R. S.（2000）. Toward better research on stress and coping. *American Psychologist*，*55*（6），665-673.

Lazarus， R. S.， Delongis， A.， Folkman， S.， & Gruen， R. （1985）. Stress and adaptational outcomes：The problem of confounded measures. *American Psychologist*，*40*（7），770.

Lazarus，R. S.，& Folkman，S.（1984）. *Stress Appraisal and Coping*. New York：Springer.

Luthans，F，Youssef，C. M.，Avolio，B. J. 2007. *Psychological Capital：Developing the Human Competitive Edge*. Oxford：Oxford University Press.

Luthans，F.，Avolio，B. J.，Walumbwa，F. O.，& Li，W.（2005）. The psychological capital of Chinese workers：Exploring the relationship with performance. *Management and Organization Review*，*1*（2），249-271.

Luzzo，D. A.（1993）. Predicting the career maturity of undergraduates：A comparison of personal，educational and psychological factors. *Journal of College Student Development*，*34*（4），271-275.

Luzzo，D. A.（2014）. Gender differences in college students' career maturity and perceived barriers in career development. *Journal of Counseling & Development*，*73*（3），319-322.

Marcia，J.，& Josselson，R.（2013）. Eriksonian personality research and its implications for psychotherapy. *Journal of Personality*，*81*（6），617-629.

Marilee，C.（1995）. Concordance in the face of a stressful event：When do members of a dyad agree that one person supported the other?. *Journal of Personality and Social Psychology*，*69*（2），289-299.

Masten，A. S.，& Coatsworth，J. D.（1998）. The development of competence in favorable and unfavorable environments：Lessons from research on successful children. *American Psychologist*，*53*（2），205.

McArdle，S.，Waters，L.，Briscoe，J. P.，& Hall，D. T.（2007）. Employability during unemployment：Adaptability，career identity and human and social capital. *Journal of Vocational Behavior*，*71*（3），247-264.

Nota，L.，Ferrari，L.，Soresi，S.，& Wehmeyer，M.（2007）. Self-determination，social abilities and the quality of life of people with intellectual disability. *Journal of Intellectual Disability Research*，51（11），850-865.

Nowak，K. M.，& Hanson，A. L.（1983）. The relationship between stress，job performance，and burnout in college student resident assistants. *Journal of College Student Personnel*，24（6），545-550.

Olsson，C. A.，Bond，L.，Burns，J. M.，Vella-Brodrick，D. A.，& Sawyer，S. M.（2003）. Adolescent resilience：A concept analysis. *Journal of Adolescence*，*26*（1），1.

Pancer，S. M.，Hunsberger，B.，M.W.，Alisat，S.（2000）. Cognitive complexity of expectations and adjustment to university in the first year. *Journal of Adolescent Research*，*15*（1），38-57.

Patton，W.，& Creed，P. A.（2001）. Developmental issues in career maturity and career decision status. *Career Development Quarterly*，*49*（4），336-351.

Pengilly，J. W.，& Dowd，E. T.（2000）. Hardiness and social support as moderators of stress. *Journal of Clinical Psychology*，*56*（6），813-820.

Pinquart，M.（2009）. Moderating effects of dispositional resilience on associations between hassles and psychological distress. *Journal of Applied Developmental Psychology*，*30*（1），53-60.

Rak，C. F.，& Patterson，L. E.（1996）. Promoting resilience in at-risk children. *Journal of Counseling & Development*，*74*（4），368-373.

Richardson，Glenn E.（2002）. The metatheory of resilience and resiliency. *Journal of Clinical Psychology*，*58*（3），307-321.

Rojewski，J.W.，& Wichlein，R.C.，& Schell，J.W.（1995）. Effects of gender and academic-risk behavior on the career maturity of rural youth. *Journal of Research in Rural Education*，*11*（2），92-104.

Rosch，P. J.（1956）. Fifth annual report on stress：1955-1956. *Journal of Chronic Diseases*，*4*（6），661-662.

Rutter，M.（1993）. Rutter M. resilience：Some conceptual considerations. *Journal of Adolescent Health*，*14*（8），626-631.

Sanders，J.，& Grip，A. d.（2004）. Training，task flexibility and the employability of low-skilled workers. *International Journal of Manpower*，*25*（1），73-89.

Schwab，D. P.，Rynes，S. L.，& Aldag，R. J.（1987）. Theories and research on job-search and choice. *Research in Personnel and Human Resource Management*，*5*（1），129-166.

Schwarzer，R.（1997）. Optimistic self-beliefs：Assessment of general perceived self-efficacy in thirteen cultures. *Word Psychology*，*3*（1-2），177-190.

Selye，H.（1976）. *The Stress of Life*. New York：McGraw-Hill Book Company.

Soelberg，P. O.（1967）. Unprogrammed decision making. *Industrial Management Review*，*8*（2），19-29.

Southall，D.，& Roberts，J. E.（2002）. Attributional style and self-esteem in vulnerability to adolescent depressive symptoms following life stress：A 14-week prospective study. *Cognitive Therapy and Research*，*26*（5），563-579.

Steffy，B. D，Shaw，K. N.，& Noe，A .W.（1989）. Antecedents and consequences of job-search behaviors. *Journal of Vocational Behavior*，*35*（3），254-269.

Super，D. E.（1955）. Dimensions and measurement of vocational maturity. *Teachers College Record*，*57*（1）：151-163.

Super，D. E.，Thompson，A. S.，& Lindeman，R. H.（1988）. *Manual for the Adult Career Concerns Inventory*. Palo Alto，CA：Consulting Psychologists Press.

Tugade，M. M.，& Fredrickson，B. L.（2004）. Resilient individuals use positive emotions to bounce back from negative emotional experiences. *Journal of Personality & Social Psychology*，*86*（2），320-333.

Turner，S. G.（2001）. Resilience and social work practice： Three case studies. Families in Society . *Journal of Contemporary Human Services*，*82*（5），441-448.

Van Der Heijde， C. M.， & Van Der Heijde，B. I. J. M.（2006）. A competence-based and multidimensional operationalization and measurement of employability. *Human Resource Management - New York*，*45*（3），449-476.

Weed， K.， Keogh， D.， & Borkowski， J.（2000）. Predictors of resiliency in adolescent mothers. *Journal of Applied Developmental Psychology*，*21*（2），207-231.

Westbrook，B. W.（1984）. Career maturity：The concept， the instruments， and the research. In Walsh W.B. & Osipow S.H.（Eds）. *Handbook of Vocational Psychology*，（1），263-303.

Westbrook，B. W.，Sanford，E. E.，& Donnelly，M. H.（1990）.The relationship between career maturity test scores and appropriateness of career choices：A replication. *Journal of Vocational Behavior*，*36*（1），20-32.

附　　录

附录1　个人基本情况调查表

亲爱的大学生朋友：

您好！本问卷是有关个人就业情况及影响因素的调查与测验，请您仔细阅读每一个题目，并依据您目前的实际情况进行勾选。本问卷的结果主要用作科学研究，您的回答结果不涉及社会评价。因此请您务必如实填写，不要有任何顾虑。您的真实回答对我们了解当前大学生就业及其影响因素的实际情况非常重要，同时测得的结果我们将反馈给大家，使大家对自身状况有一个更清晰的认识。因此，请有兴趣的同学把自己的联系方式留给我们。非常感谢大家的真诚合作！

填写说明：1. 请在符合您情况的选项上打勾或者填写。

2. 如无特殊说明，问卷问题均为单选题。

1. 您的性别是：(1) 男　(2) 女

2. 您的民族是：(2) 汉族　(2) 其他

3. 您的年级是：(1) 大一　(2) 大二　(3) 大三　(4) 大四

4. 您的学历：(1) 大专　(2) 本科

5. 是否为独生子女：(1) 是　(2) 否

6. 您上大学前户籍类型是：(1) 城市 (2) 农村
7. 您的政治面貌是：(1) 党员 (2) 共青团员 (3) 群众
8. 您的学校类别是：(1) 高职类院校 (2) 一般大学 (3) 重点大学
9. 您的专业属于：(1) 文史类 (2) 理工类 (3) 艺体类
10. 您对现在所学专业的满意度是：(1) 非常不满意 (2) 比较不满意 (3) 一般 (4) 比较满意 (5) 非常满意
11. 大学期间是否获得过奖学金：(1) 是 (2) 否
12. 是否担任过学生干部：(1) 是 (2) 否
13. 您是否参与学校社团：(1) 没参与 (2) 参与但没组织 (3) 参与并组织
14. 您上一学期的学业总成绩的平均分数为：(1) 65 分以下 (2) 65 ～ 80 分 (3) 80 分以上
15. 有无兼职工作：(1) 有，与专业不相关 (2) 有且和专业相关 (3) 无
16. 毕业后的打算：(1) 考研 (2) 工作
17. 您父亲的职业是：(1) 知识分子或干部 (2) 工人 (3) 农民 (4) 私营业主 (5) 无固定
18. 您母亲的职业是：(1) 知识分子或干部 (2) 工人 (3) 农民 (4) 私营业主 (5) 无固定
19. 您父亲的文化程度是：(1) 大专及以上 (2) 中专或高中 (3) 初中 (4) 小学 (5) 文盲
20. 您母亲的文化程度是：(1) 大专及以上 (2) 中专或高中 (3) 初中 (4) 小学 (5) 文盲
21. 父母对您的教养方式：(1) 民主型 (2) 权威型 (3) 专制型 (4) 忽视型
22. 您的家庭人均月收入大约在：(1) 1000 元以下 (2) 1000 ～ 3000 元 (3) 3001 ～ 5000 元 (4) 5000 元以上
23. 专业与兴趣是否一致：(1) 一致 (2) 不一致
24. 您现在的求职现状是：(1) 已签约 (2) 没签约，但已有意向 (3) 还没找到工作
25. 您目前为止收到的录用通知个数是：

(1) 0 个 (2) 1 个 (3) 2 个 (4) 3 个 (5) 4 个及以上

26. 您签约的或正准备签约的单位月薪是：

(1) 1500 元以下 (2) 1500 ～ 2500 元 (3) 2501 ～ 4000 元 (4) 4001 ～ 6000 元

(5) 6000 元以上

附录 2　社会支持评定量表

请阅读下列各项，在符合自己情况的数字下面打“√”

1. 您有多少关系密切，可以得到支持和帮助的朋友？（只选一项）

（1）一个也没有　（2）1～2 个　（3）3～5 个　（4）6 个或 6 个以上

2. 近一年来您：（只选一项）

（1）远离家人，且独居一室　（2）住处经常变动，多数时间和陌生人住在一起

（3）和同学或朋友住在一起　（4）和家人住在一起

3. 您与不同班级的同学：（只选一项）

（1）相互之间从不关心，只是点头之交　（2）遇到困难可能稍微关心

（3）有些不同班级同学很关心您　（4）大多数不同班级的同学很关心您

4. 您与同班同学：（只选一项）

（1）相互之间从不关心，只是点头之交　（2）遇到困难可能稍微关心

（3）有些同班同学很关心您　（4）大多数同班同学很关心您

5. 从家庭成员得到的支持和照顾　（在合适的框内下画“√”）

	无	极少	一般	全力支持
A 恋人				
B 父母				
C 兄弟姐妹				
D 其他成员（如嫂子）				

6. 过去，在您遇到急难情况时，曾经得到的经济支持和解决实际问题的帮助的来源有：

（1）无任何来源

（2）下列来源：（可选多项）

A. 恋人　B. 其他家人　C. 朋友　D. 亲戚　E. 同学　F. 学校

G. 党团工会等官方或半官方组织　H. 宗教、社会团体等非官方组织

I. 其他（请列出）________________________________

7. 过去，在您遇到急难情况时，曾经得到的安慰和关心的来源有：

（1）无任何来源

（2）下列来源（可选多项）

A. 恋人　B. 其他家人　C. 朋友　D. 亲戚　E. 同学　F. 学校

G. 党团工会等官方或半官方组织　H. 宗教、社会团体等非官方组织

I. 其他（请列出）______________________________

8. 您遇到烦恼时的倾诉方式：（只选一项）

（1）从不向任何人诉述

（2）只向关系极为密切的 1 ～ 2 个人诉述

（3）如果朋友主动询问您会说出来

（4）主动诉述自己的烦恼，以获得支持和理解

9. 您遇到烦恼时的求助方式：（只选一项）

（1）只靠自己，不接受别人帮助　（2）很少请求别人帮助

（3）有时请求别人帮助　（4）有困难时经常向家人、亲友、组织求援

10. 对于团体（如党团组织、宗教组织、工会、学生会等）组织活动，您：（只选一项）

（1）从不参加　（2）偶尔参加　（3）经常参加　（4）主动参加并积极活动

附录 3　积极心理资本问卷

下面有一些句子，它们描述了您目前可能是如何看待自己的。请判断每一句陈述和您自身情况的符合程度，并在该句话后面相应的数字上打“ √ ”，数字越大（如 7），表示符合程度越高，数字越小（如 1），表示符合程度越低。

题项	完全不符合	不符合	有点不符合	说不清	有点符合	比较符合	完全符合
1. 很多人欣赏我的才干	1	2	3	4	5	6	7
2. 我不爱生气	1	2	3	4	5	6	7

续表

题项	完全不符合	不符合	有点不符合	说不清	有点符合	比较符合	完全符合
3. 我的见解和能力超过一般人	1	2	3	4	5	6	7
4. 遇到挫折时，我能很快地恢复过来	1	2	3	4	5	6	7
5. 我对自己的能力很有信心	1	2	3	4	5	6	7
6. 生活中的不愉快，我很少在意	1	2	3	4	5	6	7
7. 我总是能出色地完成任务	1	2	3	4	5	6	7
8. 糟糕的经历会让我郁闷很久	1	2	3	4	5	6	7
9. 面对困难时，我会很冷静地寻求解决的方法	1	2	3	4	5	6	7
10. 我觉得自己活得很累	1	2	3	4	5	6	7
11. 我乐于承担困难和有挑战性的工作	1	2	3	4	5	6	7
12. 不顺心的时候，我容易垂头丧气	1	2	3	4	5	6	7
13. 身处逆境时，我会积极尝试不同的策略	1	2	3	4	5	6	7
14. 压力大的时候，我会吃不好、睡不香	1	2	3	4	5	6	7
15. 我积极地学习和工作，以实现自己的理想	1	2	3	4	5	6	7
16. 情况不确定时，我总是预期会有很好的结果	1	2	3	4	5	6	7
17. 我正在为实现自己的目标而努力	1	2	3	4	5	6	7
18. 我总是看到事物好的一面	1	2	3	4	5	6	7
19. 我充满信心地追求自己的目标	1	2	3	4	5	6	7
20. 我觉得社会上好人还是占绝大多数	1	2	3	4	5	6	7
21. 我对自己的学习和生活有一定的规划	1	2	3	4	5	6	7
22. 大多数的时候，我是意气风发的	1	2	3	4	5	6	7
23. 我很清楚自己想要什么样的生活	1	2	3	4	5	6	7
24. 我觉得生活是美好的	1	2	3	4	5	6	7
25. 我也不知道自己的生活目标是什么	1	2	3	4	5	6	7
26. 我觉得前途充满希望	1	2	3	4	5	6	7

附录 4　大学生可就业能力问卷

请判断下列陈述和您自身情况的符合程度，并在该句话后面相应的数字上打“√”，数字越大（如 5），表示符合程度越高，数字越小（如 1），表示符合程度越低。

题项		完全不同意	不同意	不确定	同意	完全同意
职业认同	1. 有清晰的职业生涯规划	1	2	3	4	5
	2. 有明确的就业目标	1	2	3	4	5
	3. 对未来的工资、职位有明确的期望	1	2	3	4	5
	4. 能利用各种资源逐步探索职业方向	1	2	3	4	5
	5. 了解自己，知道自己适合的工作	1	2	3	4	5
	6. 知道实现职业生涯目标所需要的能力	1	2	3	4	5
人际关系	1. 很容易融入新的集体	1	2	3	4	5
	2. 喜欢和他人相处	1	2	3	4	5
	3. 能游刃有余地处理各种复杂的人际关系	1	2	3	4	5
	4. 周围的多数人和我相处愉快	1	2	3	4	5
	5. 在陌生环境中能清晰地表达自己和理解他人	1	2	3	4	5
乐观开朗	1. 看待问题时总能看到好的方面	1	2	3	4	5
	2. 相信坏事情总会过去，明天会更美好	1	2	3	4	5
	3. 人生态度积极向上	1	2	3	4	5
	4. 不会因为失败而一蹶不振	1	2	3	4	5
	5. 积极的心态经常感染周围的人	1	2	3	4	5
	6. 面对压力时善于自我调节	1	2	3	4	5

续表

题项		完全不同意	不同意	不确定	同意	完全同意
问题解决	1. 做事情思路清晰，富有逻辑性	1	2	3	4	5
	2. 遇到问题时善于逻辑思考和推理	1	2	3	4	5
	3. 能整合各方资源使事情得到圆满解决	1	2	3	4	5
	4. 处理问题时反应迅速、灵活应变	1	2	3	4	5
	5. 能妥善处理多项复杂任务	1	2	3	4	5
社会支持	1. 亲属能为我的求职和职业发展提供资源	1	2	3	4	5
	2. 父母有一些朋友经济实力强、社会地位高	1	2	3	4	5
	3. 朋友能为我提供一些有利的社会关系网络	1	2	3	4	5
	4. 在学习和工作中朋友常帮我出谋划策、提供帮助	1	2	3	4	5
学习能力	1. 总是希望学习新知识	1	2	3	4	5
	2. 能持续不断地学习	1	2	3	4	5
	3. 在学习和生活中踏实肯干，吃苦耐劳	1	2	3	4	5
	4. 能够很好地摆正自己的位置，愿意从基层做起	1	2	3	4	5
团队合作	1. 能与团队成员进行很好的配合	1	2	3	4	5
	2. 愿意和他人一起共事	1	2	3	4	5
	3. 愿意与团队成员分享信息资源	1	2	3	4	5
网络差异	1. 交往的人所学专业或学校差别很大	1	2	3	4	5
	2. 交往的人爱好和特长差别很大	1	2	3	4	5
	3. 人际交往面广、认识很多人	1	2	3	4	5

附录 5　明尼苏达满意度问卷

下面您能看到一些关于您目前工作的陈述。仔细阅读这些陈述，确定您对句子中所描述的关于您目前工作的某方面是否满意。然后勾选出与您的满意程度一致的方框。其中，数字越大表示满意程度越高 1 ＝不满意，5 ＝极度满意。

题项	不满意	有点满意	满意	很满意	极度满意
1. 能够一直保持忙碌的状态	1	2	3	4	5
2. 独立工作的机会	1	2	3	4	5
3. 时不时地能有做一些不同事情的机会	1	2	3	4	5
4. 在团体中成为重要角色的机会	1	2	3	4	5
5. 我的老板对待他 / 她的下属的方式	1	2	3	4	5
6. 我的上司做决策的能力	1	2	3	4	5
7. 能够做一些不违背我良心的事情	1	2	3	4	5
8. 我的工作的稳定性	1	2	3	4	5
9. 能够为其他人做些事情的机会	1	2	3	4	5
10. 告诉他人该做些什么的机会	1	2	3	4	5
11. 能够充分发挥我能力的机会	1	2	3	4	5
12. 公司政策实施的方式	1	2	3	4	5
13. 我的收入与我的工作量	1	2	3	4	5
14. 职位晋升的机会	1	2	3	4	5
15. 能自己做出判断的自由	1	2	3	4	5
16. 自主决定如何完成工作的机会	1	2	3	4	5
17. 工作条件	1	2	3	4	5

续表

题项	不满意	有点满意	满意	很满意	极度满意
18. 同事之间相处的方式	1	2	3	4	5
19. 工作表现出色时所获得的奖励	1	2	3	4	5
20. 我能够从工作中获得的成就感	1	2	3	4	5

附录 6　症状自评量表

指导语：仔细阅读每一条，根据自己最近一星期内的感觉，在相应的方格内画一个"√"，答案无好坏对错之分。必须逐条填写不可遗漏，每一项只能画一个"√"，不能画两个或更多。

条目	无	轻度	中度	偏重	严重
1. 头痛					
2. 神经过敏，心中不踏实					
3. 头脑中有不必要的想法或字句盘旋					
4. 头晕或晕倒					
5. 对异性的兴趣减退					
6. 对旁人责备求全					
7. 感到别人能控制您的思想					
8. 责怪别人制造麻烦					
9. 忘性大					
10. 担心自己的衣饰整齐及仪态的端正					

续表

条目	无	轻度	中度	偏重	严重
11. 容易烦恼和激动					
12. 胸痛					
13. 害怕空旷的场所或街道					
14. 感到自己的精力下降，活动减慢					
15. 想结束自己的生命					
16. 听到旁人听不到的声音					
17. 发抖					
18. 感到大多数人都不可信任					
19. 胃口不好					
20. 容易哭泣					
21. 同异性相处时感到害羞不自在					
22. 感到受骗，中了圈套或有人想抓住您					
23. 无缘无故地突然感到害怕					
24. 自己不能控制地大发脾气					
25. 怕单独出门					
26. 经常责怪自己					
27. 腰痛					
28. 感到难以完成任务					
29. 感到孤独					
30. 感到苦闷					
31. 过分担忧					
32. 对事物不感兴趣					

续表

条目	无	轻度	中度	偏重	严重
33. 感到害怕					
34. 您的感情容易受到伤害					
35. 旁人能知道您的私下想法					
36. 感到别人不理解您、不同情您					
37. 感到人们对您不友好，不喜欢您					
38. 做事必须做得很慢以保证做得正确					
39. 心跳得很厉害					
40. 恶心或胃部不舒服					
41. 感到比不上他人					
42. 肌肉酸痛					
43. 感到有人在监视您、谈论您					
44. 难以入睡					
45. 做事必须反复检查					
46. 难以做出决定					
47. 怕乘电车、公共汽车、地铁或火车					
48. 呼吸有困难					
49. 一阵阵发冷或发热					
50. 因为感到害怕而避开某些东西、场合或活动					
51. 脑子变空了					
52. 身体发麻或刺痛					
53. 喉咙有梗塞感					
54. 感到前途没有希望					

续表

条目	无	轻度	中度	偏重	严重
55. 不能集中注意力					
56. 感到身体的某一部分软弱无力					
57. 感到紧张或容易紧张					
58. 感到手或脚发重					
59. 想到死亡的事					
60. 吃得太多					
61. 当别人看着您或谈论您时感到不自在					
62. 有些不属于您自己的想法					
63. 有想打人或伤害他人的冲动					
64. 醒得太早					
65. 必须反复洗手、点数目或触摸某些东西					
66. 睡得不稳不深					
67. 有想摔坏或破坏东西的想法					
68. 有一些别人没有的想法或念头					
69. 感到对别人神经过敏					
70. 在商店或电影院等人多的地方感到不自在					
71. 感到任何事情都很困难					
72. 一阵阵恐惧或惊恐					
73. 感到公共场合吃东西很不舒服					
74. 经常与人争论					
75. 单独一人时神经很紧张					
76. 别人对您的成绩没有做出恰当的评价					

续表

条目	无	轻度	中度	偏重	严重
77. 即使和别人在一起也感到孤单					
78. 感到坐立不安、心神不定					
79. 感到自己没有什么价值					
80. 感到熟悉的东西变成陌生或不像是真的					
81. 大叫或摔东西					
82. 害怕会在公共场合晕倒					
83. 感到别人想占您的便宜					
84. 为一些有关“性”的想法而很苦恼					
85. 您认为应该因为自己的过错而受到惩罚					
86. 感到要很快把事情做完					
87. 感到自己的身体有严重问题					
88. 从未感到和其他人很亲近					
89. 感到自己有罪					
90. 感到自己的脑子有毛病					

附录 7　成人心理弹性量表

指导语：下列这些项目描述了每个人都可能遇到的一些问题，请试着回想您平常或是过去一个月来，对下列问题的看法，答案无好坏对错之分。每一个描述都对应着两种相反的情况，它们之间是 7 个数字。1 表示非常符合左边的描述，2 表示比较符合左边的描述，3 表示有点符合左边的描述，4 表示不确定，5 表示有点符合右边的描述，6 表示比较符合右边的描述，7 表示非常符合右边的描述。请尽量不要选 4。在相应的数字上画“√”。

遇到的问题	描述	对应数字	描述
1. 当出乎意料的事情发生时	我总能找到解决办法	1 2 3 4 5 6 7	我经常不知所措
2. 我遇到的一些问题	是无法解决的	1 2 3 4 5 6 7	我知道如何解决
3. 我对自己的能力	坚信不疑	1 2 3 4 5 6 7	很不确定
4. 我对自己的判断和决定	经常怀疑	1 2 3 4 5 6 7	深信不疑
5. 当身处逆境我倾向于	灰心绝望	1 2 3 4 5 6 7	积极进取
6. 那些我无法控制的事情	我总是设法去适应	1 2 3 4 5 6 7	常常让我烦恼和担忧
7. 我对未来的规划	很难成功	1 2 3 4 5 6 7	很可能成功
8. 对于未来的目标	我知道如何实现	1 2 3 4 5 6 7	我不知道如何实现
9. 我觉得我的未来	充满希望	1 2 3 4 5 6 7	前途未卜
10. 对于未来的目标	我还很不明确	1 2 3 4 5 6 7	我已经深思熟虑过
11. 我____时感觉最好	有明确的奋斗目标时	1 2 3 4 5 6 7	想到哪就做到哪
12. 当开始做一件新的事情或活动时	我很少提前作计划	1 2 3 4 5 6 7	我常提前进行周密的计划
13. 我擅长	规划时间	1 2 3 4 5 6 7	浪费时间
14. 规则和有规律的活动	在我的日常生活中不存在	1 2 3 4 5 6 7	使我每天的生活简单化
15. 我喜欢	与其他人在一起	1 2 3 4 5 6 7	独处
16. 在社交场合中游刃有余	对我来说并不重要	1 2 3 4 5 6 7	对我来说很重要
17. 交新朋友这件事	我可以轻易做到	1 2 3 4 5 6 7	我觉得很困难
18. 和陌生人交流	对我来说很困难	1 2 3 4 5 6 7	是我所擅长的
19. 当我与其他人在一起	我很容易笑	1 2 3 4 5 6 7	我很少笑
20. 对我来说，想出好话题	是困难的	1 2 3 4 5 6 7	是容易的
21. 家人认为“什么是生活中最重要的”	与我的看法截然不同	1 2 3 4 5 6 7	与我的看法非常相似
22. 我感到与家人	在一起非常快乐	1 2 3 4 5 6 7	在一起并不快乐

续表

遇到的问题	描述	对应数字	描述
23. 我的家庭关系特点	是疏离的	1 2 3 4 5 6 7	紧密联系在一起
24. 困难时期家人	对未来的看法很乐观	1 2 3 4 5 6 7	觉得未来希望渺茫
25. 面对外人时	我的家人彼此之间并不支持	1 2 3 4 5 6 7	互相支持
26. 在家里我们喜欢	各做各的事	1 2 3 4 5 6 7	一起做事
27. 可以与我讨论私事的朋友或家人	没有人	1 2 3 4 5 6 7	有很多
28. 那些擅长鼓励我的人	是一些亲密朋友或家人	1 2 3 4 5 6 7	不存在
29. 我与朋友之间联系是	微弱的	1 2 3 4 5 6 7	紧密的
30. 当家庭成员遭遇危机或突发事件时	我会被立即告知	1 2 3 4 5 6 7	过一段时间我才会知道
31. 我的社会支持来自于	朋友或家人	1 2 3 4 5 6 7	没有人
32. 当我有需要时	没有人可以帮我	1 2 3 4 5 6 7	总有人可以帮我
33. 亲密的朋友或家人	欣赏我的个性	1 2 3 4 5 6 7	不喜欢我的个性

附录 8 大学生就业压力问卷

指导语：下面列举的是大学生在找工作的过程中，可能产生就业压力的来源或原因。请您就题目给出的各项就业压力源，结合自己的实际情况所感受到的就业压力大小，在合适的选项上打“√”，每题只选一样，选择无所谓对错，请如实填写。

产生就业压力的来源或原因	无压力	有压力			
		较小	中等	较大	很大
1. 所学专业的市场需求量较小，人才供过于求	○	○	○	○	○
2. 父母与自己的就业去向意见不一致	○	○	○	○	○

续表

产生就业压力的来源或原因	无压力	有压力			
		较小	中等	较大	很大
3. 不知道自己喜欢什么工作	○	○	○	○	○
4. 自己的语言表达能力较弱	○	○	○	○	○
5. 缺乏学生干部的工作管理经历	○	○	○	○	○
6. 所学专业是万金油的性质，没有学到什么技能技巧	○	○	○	○	○
7. 周围的同学找到的工作比自己好	○	○	○	○	○
8. 许多单位都在压缩岗位编制，可提供的岗位减少	○	○	○	○	○
9. 担心求职时上当受骗	○	○	○	○	○
10. 不知道本专业究竟适合从事什么工作	○	○	○	○	○
11. 担心找到的工作没有发展前景和机会	○	○	○	○	○
12. 自己的组织与管理能力较差	○	○	○	○	○
13. 没有什么社会关系可帮助自己求职	○	○	○	○	○
14. 很想在相对稳定的行业里工作	○	○	○	○	○
15. 自己学习成绩不好	○	○	○	○	○
16. 工作岗位对本专业人员的素质要求很高	○	○	○	○	○
17. 不知道自己适合什么工作	○	○	○	○	○
18. 所学专业的就业面较窄，对口的就业岗位不多，选择的机会少	○	○	○	○	○
19. 自己的性格不好	○	○	○	○	○
20. 担心要从低层做起	○	○	○	○	○
21. 自己的专业技能水平不高	○	○	○	○	○
22. 担心工作的经济待遇低，薪水少	○	○	○	○	○
23. 没有考取某些重要的资格证书（例如大学英语四级或专业资格考试未通过）	○	○	○	○	○

续表

产生就业压力的来源或原因	无压力	有压力			
		较小	中等	较大	很大
24. 自己很少参加专业社会实践活动或学术活动	○	○	○	○	○
25. 自己的计算机应用水平不高	○	○	○	○	○
26. 不了解合同法，劳动法，不知道找工作有哪些法律保障	○	○	○	○	○
27. 所学专业上一届的就业情况不理想	○	○	○	○	○
28. 担心工作难度大，自己不能胜任	○	○	○	○	○
29. 周围的同学比自己先找到工作	○	○	○	○	○
30. 自己的协调与沟通能力差	○	○	○	○	○
31. 很想在名气大，效益好的单位工作	○	○	○	○	○
32. 担心应聘时没能把握住面试和选拔的机会	○	○	○	○	○
33. 自己没有什么特长	○	○	○	○	○
34. 不知道是全身心投入复习考研，还是同时兼顾求职应聘	○	○	○	○	○
35. 担心户口和档案的问题难解决	○	○	○	○	○
36. 毕业生人数众多，竞争激烈	○	○	○	○	○
37. 自己的适应性较差，担心不适应新的工作环境	○	○	○	○	○
38. 担心工作枯燥乏味无挑战性	○	○	○	○	○
39. 参加招聘会，面试与上课时间冲突	○	○	○	○	○
40. 担心招聘岗位的性别歧视	○	○	○	○	○
41. 自己的英语应用水平不高	○	○	○	○	○
42. 不懂面试技巧，对求职方法知之甚少	○	○	○	○	○
43. 担心找到的工作自己不喜欢，在工作上没有长久的动力	○	○	○	○	○
44. 自己的综合能力较弱，缺乏竞争的信心	○	○	○	○	○

续表

产生就业压力的来源或原因	无压力	有压力			
		较小	中等	较大	很大
45. 担心工作缺少各种福利保障	○	○	○	○	○
46. 想留在大城市或经济发达地区	○	○	○	○	○
47. 找工作的花费负担很重（例如路费、通讯费、服装费、资料费、门票费，等等）	○	○	○	○	○
48. 不知道该从哪里获得准确的用人信息	○	○	○	○	○
49. 担心工作的具体地点太偏僻	○	○	○	○	○
50. 所学专业的就业前景不乐观，是冷门专业	○	○	○	○	○
51. 担心专业对口问题，是否能从事与专业对应的工作	○	○	○	○	○
52. 家庭缺乏一定的经济实力	○	○	○	○	○
53. 就业信息严重不足	○	○	○	○	○
54. 不喜欢自己的专业，不知道找工作时到底应该选专业还是选兴趣	○	○	○	○	○
55. 家庭背景很一般	○	○	○	○	○
56. 找工作的过程中要应付各类招聘考试和选拔考试	○	○	○	○	○
57. 试用期与上课时间冲突	○	○	○	○	○
58. 目前大学生的就业环境不理想，就业形式紧张	○	○	○	○	○
59. 不知道自己到底应该从事什么工作	○	○	○	○	○

附录 9　青少年生活事件量表

指导语：在过去 12 个月内，您或您的家庭是否发生过下列事件？仔细阅读下列每个项目，如某事发生过，并根据事件给你造成的苦恼程度在相对括号内打个“√”。如果某事件未发生，仅在事件未发生栏打个“√”就可以了。

生活事件名称	未发生	发生过，对你影响的程度				
		没有	轻度	中度	重度	极重
1. 被人误会或错怪	（ ）	（ ）	（ ）	（ ）	（ ）	（ ）
2. 受人歧视冷遇	（ ）	（ ）	（ ）	（ ）	（ ）	（ ）
3. 考试失败或成绩不理想	（ ）	（ ）	（ ）	（ ）	（ ）	（ ）
4. 与同学或好友发生纠纷	（ ）	（ ）	（ ）	（ ）	（ ）	（ ）
5. 生活规律（饮食、休息）等明显变化	（ ）	（ ）	（ ）	（ ）	（ ）	（ ）
6. 不喜欢上学	（ ）	（ ）	（ ）	（ ）	（ ）	（ ）
7. 恋爱不顺利或失恋	（ ）	（ ）	（ ）	（ ）	（ ）	（ ）
8. 长期远离家人不能团聚	（ ）	（ ）	（ ）	（ ）	（ ）	（ ）
9. 学习负担重	（ ）	（ ）	（ ）	（ ）	（ ）	（ ）
10. 与老师关系紧张	（ ）	（ ）	（ ）	（ ）	（ ）	（ ）
11. 本人患急重病	（ ）	（ ）	（ ）	（ ）	（ ）	（ ）
12. 亲友患急重病	（ ）	（ ）	（ ）	（ ）	（ ）	（ ）
13. 亲友死亡	（ ）	（ ）	（ ）	（ ）	（ ）	（ ）
14. 被盗或丢失东西	（ ）	（ ）	（ ）	（ ）	（ ）	（ ）
15. 当众丢面子	（ ）	（ ）	（ ）	（ ）	（ ）	（ ）
16. 家庭经济困难	（ ）	（ ）	（ ）	（ ）	（ ）	（ ）
17. 家庭内部有矛盾	（ ）	（ ）	（ ）	（ ）	（ ）	（ ）
18. 预期的评选（如三好学生）落空	（ ）	（ ）	（ ）	（ ）	（ ）	（ ）
19. 受批评或处分	（ ）	（ ）	（ ）	（ ）	（ ）	（ ）
20. 转学或休学	（ ）	（ ）	（ ）	（ ）	（ ）	（ ）

续表

生活事件名称	未发生	发生过，对你影响的程度				
		没有	轻度	中度	重度	极重
21. 被罚款	（ ）	（ ）	（ ）	（ ）	（ ）	（ ）
22. 升学压力	（ ）	（ ）	（ ）	（ ）	（ ）	（ ）
23. 与人打架	（ ）	（ ）	（ ）	（ ）	（ ）	（ ）
24. 遭父母打骂	（ ）	（ ）	（ ）	（ ）	（ ）	（ ）
25. 家庭给你施加学习压力	（ ）	（ ）	（ ）	（ ）	（ ）	（ ）
26. 意外惊吓事故	（ ）	（ ）	（ ）	（ ）	（ ）	（ ）
27. 其他的挫折事件	（ ）	（ ）	（ ）	（ ）	（ ）	（ ）

附录 10　大学生职业生涯规划能力问卷

指导语：请您就题目结合自己的实际情况，在合适的选项上打下自己对这些项目的分数，答案无好坏对错之分。每一个描述都对应着 9 个数字，1 表示完全不符合，9 表示完全符合，1 ～ 9 表示不同程度的符合。请尽量不要选 5，并在相应的数字上画“○”。

1. 确立的目标，能够容易地分解为一步步的小目标	1	2	3	4	5	6	7	8	9
2. 确立具体明确的目标是件容易的事	1	2	3	4	5	6	7	8	9
3. 确立的目标，能够很好地符合自己的主客观实际	1	2	3	4	5	6	7	8	9
4. 确立的目标，能够与生活中其它目标结合考虑、兼顾平衡	1	2	3	4	5	6	7	8	9
5. 确立的目标，会赋予它明确的完成时限	1	2	3	4	5	6	7	8	9
6. 确立的目标，能够很好地与自己的总体目标相联系	1	2	3	4	5	6	7	8	9

7. 能清楚地认识自己的性格	1	2	3	4	5	6	7	8	9
8. 能清楚地知道自己的兴趣	1	2	3	4	5	6	7	8	9
9. 能清楚地知道自己的需要	1	2	3	4	5	6	7	8	9
10. 能清楚地了解自己的价值观	1	2	3	4	5	6	7	8	9
11. 能清楚地了解自己的优势	1	2	3	4	5	6	7	8	9
12. 能清楚地了解自己的不足	1	2	3	4	5	6	7	8	9
13. 能清楚地了解自己意向职业的特点	1	2	3	4	5	6	7	8	9
14. 能深刻地领会把握当前社会的就业形势	1	2	3	4	5	6	7	8	9
15. 能清楚地认识社会的经济发展状况	1	2	3	4	5	6	7	8	9
16. 能清楚地意识到关于职业的社会传统观念	1	2	3	4	5	6	7	8	9
17. 能很好地把握社会对人才需求发展的趋势	1	2	3	4	5	6	7	8	9
18. 把计划制定得详细而具体	1	2	3	4	5	6	7	8	9
19. 制订计划时，能够从与目标有关各个方面进行考虑	1	2	3	4	5	6	7	8	9
20. 计划中的每一步都赋予确定的时间期限	1	2	3	4	5	6	7	8	9
21. 制定一个实现目标的计划是件容易的事	1	2	3	4	5	6	7	8	9
22. 计划时，会留出余地以防意外情况的发生	1	2	3	4	5	6	7	8	9
23. 能够不断地审视环境，从而不断地深化、改变对环境的认识	1	2	3	4	5	6	7	8	9
24. 能够不断地反省自己，从而不断地深化、改变对自己的认识	1	2	3	4	5	6	7	8	9
25. 能够随着对目标的修正而修正原先的计划	1	2	3	4	5	6	7	8	9
26. 能够随着对自己和环境认识的改变而修正原先的目标	1	2	3	4	5	6	7	8	9

附录 11　职业成熟度问卷

指导语：请您根据问卷项目所描述的情况与自己真实情况的符合程度进行打分，1 分代表“非常不符合”，2 分代表“比较不符合”，3 分代表“难以确定”，4 分代表“比较符合”，5 分代表“非常符合”，答案无好坏对错之分，请在相应的数字上画“√”。

与自己真实情况的符合程度	非常不符合	比较不符合	难以确定	比较符合	非常符合
1. 对于将来做什么工作，我已经做了决定	1	2	3	4	5
2. 对于职业，我已经做了明确的决定	1	2	3	4	5
3. 尽管以后我可能会改变想法，但现在，我已经选定了一个吸引我的职业	1	2	3	4	5
4. 尽管我现在还是个学生，但是我能想象出将来自己的工作状况	1	2	3	4	5
5. 我对很多职业感兴趣，但是，如果从中选出一个的话，我就会觉得为难	1	2	3	4	5
6. 我已经选定了我的职业，所以，现在我不用担心职业选择的问题	1	2	3	4	5
7. 我经常考虑可能从事的职业，但是，我还没有确定一个特定的目标	1	2	3	4	5
8. 对于职业，我还没有做出明确的决定	1	2	3	4	5
9. 我担心找不到自己想要的工作	1	2	3	4	5
10. 我不确定我是否能够在自己选择的职业上取得成功	1	2	3	4	5
11. 因为我对自己没有太多信心，我怀疑即使在我选择的职业中取得成功也不能帮助我成为我想做的那个人	1	2	3	4	5
12. 我担心我选择的职业不能帮助我成为想做的那个人	1	2	3	4	5
13. 我对自己和自己的能力缺少信心	1	2	3	4	5

续表

与自己真实情况的符合程度	非常不符合	比较不符合	难以确定	比较符合	非常符合
14. 不论我多努力地尝试，我或许得不到我想选择的职业	1	2	3	4	5
15. 选择职业最重要的考虑因素是钱	1	2	3	4	5
16. 只要能赚到很多钱，我不在乎选择什么样的职业	1	2	3	4	5
17. 当选择一个职业的时候，我考虑的是晋升的机会，而不是工作的性质	1	2	3	4	5
18. 对于别人羡慕的职业和适合我的职业，我会选择前者	1	2	3	4	5
19. 我希望选择一个有声望的职业，不论我的兴趣和能力怎样	1	2	3	4	5
20. 对于能获得满足感的工作和能赚很多钱的舒适的工作，我宁愿选择后者	1	2	3	4	5
21. 不管其他人怎么说，我想我会选择一个我喜欢的职业	1	2	3	4	5
22. 我会根据我自己的标准来选择职业	1	2	3	4	5
23. 为了过我自己的生活，我会基于自己的信念来选择职业	1	2	3	4	5
24. 不论其他人怎么说，我需要选择一个符合我兴趣的职业	1	2	3	4	5
25. 如果父母不赞成我想要从事的职业，要不要选择它我会感到为难	1	2	3	4	5
26. 我会按照父母的希望选择职业	1	2	3	4	5
27. 我会按照父母和朋友的希望选择职业	1	2	3	4	5
28. 对我来说，如果我选择了一个父母不赞同的职业，我想我将来会后悔的	1	2	3	4	5
29. 看报纸的时候，我喜欢读那些在我感兴趣的领域里取得成功的人的文章	1	2	3	4	5
30. 在选择一个职业的时候，其他人的支持对我极其重要	1	2	3	4	5

续表

与自己真实情况的符合程度	非常不符合	比较不符合	难以确定	比较符合	非常符合
31. 对于我感兴趣的职业领域的人，我想和他们交流	1	2	3	4	5
32. 我喜欢和校友讨论学业和未来职业	1	2	3	4	5
33. 当我看到一些人在他们感兴趣的职业领域取得成功的时候，我倾向于模仿他们以使自己和他们一样	1	2	3	4	5
34. 我希望能得到咨询，来帮助我更加了解自己的兴趣和人格特点	1	2	3	4	5

附录 12　一般自我效能感量表（GSES）

以下 10 个句子关于你平时对自己的一般看法，请你根据你的实际情况（实际感受），在右面合适的□打“√”。答案没有对错之分，对每一个句子无须多考虑。谢谢您的合作！

平时对自己的一般看法	完全不正确	有点正确	多数正确	完全正确
1. 如果我尽力去做的话，我总是能够解决问题的	□	□	□	□
2. 即使别人反对我，我仍有办法取得我所要的	□	□	□	□
3. 对我来说，坚持理想和达成目标是轻而易举的	□	□	□	□
4. 我自信能够有效地应付任何突如其来的事情	□	□	□	□
5. 以我的才智，我定能应付意料之外的情况	□	□	□	□
6. 如果我付出必要的努力，我一定能解决大多数的难题	□	□	□	□

续表

平时对自己的一般看法	完全不正确	有点正确	多数正确	完全正确
7. 我能冷静地面对困难，因为我依赖自己处理问题的能力	□	□	□	□
8. 面对一个难题时，我通常能找到几个解决方法	□	□	□	□
9. 有麻烦的时候，我通常能够想到一些应付的方法	□	□	□	□
10. 无论什么事在我身上发生，我都能应付自如	□	□	□	□

附录 13　人际关系综合诊断量表

这是一份人际关系行为困扰的诊断量表，共 28 个问题，每个问题做“是”(打 √）或“非”（打 ×）两种回答。请您根究自己的实际情况如实回答，答案没有对错之分：

1．关于自己的烦恼有口难言。(　)

2．和生人见面感觉不自然。(　)

3．过分地羡慕和妒忌别人。(　)

4．与异性交往太少。(　)

5．对连续不断的会谈感到困难。(　)

6．在社交场合，感到紧张。(　)

7．时常伤害别人。(　)

8．与异性来往感觉不自然。(　)

9. 与一大群朋友在一起，常感到孤寂或失落。（ ）

10. 极易受窘。（ ）

11. 与别人不能和睦相处。（ ）

12. 不知道与异性相处如何适可而止。（ ）

13. 当不熟悉的人对自己倾诉他的生平遭遇以求同情时，自己常感到不自在。（ ）

14. 担心别人对自己有什么坏印象。（ ）

15. 总是尽力让别人赏识自己。（ ）

16. 暗自思慕异性。（ ）

17. 时常避免表达自己的感受。（ ）

18. 对自己的仪表（容貌）缺乏信心。（ ）

19. 讨厌某人或被某人所讨厌。（ ）

20. 瞧不起异性。（ ）

21. 不能专注地倾听。（ ）

22. 自己的烦恼无人可倾诉。（ ）

23. 受别人排斥与冷漠。（ ）

24. 被异性瞧不起。（ ）

25. 不能广泛地听取各种各样意见、看法。（ ）

26. 自己常因受伤害而暗自伤心。（ ）

27. 常被别人谈论、愚弄。（ ）

28. 与异性交往不知如何更好相处。（ ）

附录 14　求职行为问卷

这是一份求职行为问卷，共 30 个问题，请您根据自己的实际情况选择一个选项的序号填在（　）内。

1．您的求职目标：（　）
A. 非常明确　B. 比较明确　C. 一般　D. 不太明确　E. 很不明确
2．您求职的动机是赚钱养家：（　）
A. 非常同意　B. 比较同意　C. 一般　D. 不太同意　E. 很不同意
3．您求职的动机是自我发展：（　）
A. 非常同意　B. 比较同意　C. 一般　D. 不太同意　E. 很不同意
4．您求职的动机是提高生活质量：（　）
A. 非常同意　B. 比较同意　C. 一般　D. 不太同意　E. 很不同意

5．您求职的动机是为进一步发展作准备：（　）
A. 非常同意　B. 比较同意　C. 一般　D. 不太同意　E. 很不同意
6．您认为主要的求职方式是依靠（学校或社会）就业机构：（　）
A. 非常同意　B. 比较同意　C. 一般　D. 不太同意　E. 很不同意
7．您认为主要的求职方式是浏览招聘广告：（　）
A. 非常同意　B. 比较同意　C. 一般　D. 不太同意　E. 很不同意
8．您认为主要的求职方式是网络求职：（　）
A. 非常同意　B. 比较同意　C. 一般　D. 不太同意　E. 很不同意
9．您认为主要的求职方式是请亲朋好友帮助：（　）
A. 非常同意　B. 比较同意　C. 一般　D. 不太同意　E. 很不同意
10．您认为主要的求职方式是自我推荐：（　）
A. 非常同意　B. 比较同意　C. 一般　D. 不太同意　E. 很不同意
11．利用网络求职所花费的时间：（　）
A. 非常多　B. 比较多　C. 一般　D. 不太多　E. 很少
12．利用浏览报纸信息求职所花费的时间：（　）
A. 非常多　B. 比较多　C. 一般　D. 不太多　E. 很少
13．通过毛遂自荐求职所花费的时间：（　）
A. 非常多　B. 比较多　C. 一般　D. 不太多　E. 很少
14．通过请亲朋好友帮助求职：（　）
A. 非常多　B. 比较多　C. 一般　D. 不太多　E. 很少

15．为了获得一份工作参加求职面试的次数：（　）
A. 非常多　B. 比较多　C. 一般　D. 不太多　E. 很少
16．您希望获得一份工作的程度是：（　）
A. 非常希望　B. 比较希望　C. 一般　D. 不太想找工作　E. 非常不想找工作
17．从程度上看您为求职付出的努力是：（　）
A. 非常努力　B. 比较努力　C. 一般　D. 不太努力　E. 很不努力
18．从时间上看您为求职付出的努力是：（　）
A. 一直非常努力　B. 一段时间内努力　C. 一般　D. 一直不太努力
E. 一直不很努力
19．您认为社会关系在求职中的作用是：（　）
A. 非常重要　B. 比较重要　C. 一般　D. 不太重要　E. 很不重要
20．您在求职过程中是行为独立并能有效调动各种求职资源吗？（　）
A. 能　B. 基本上能　C. 一般　D. 不太能　E. 不能
21．在求职前您为此所作的准备：（　）
A. 非常充分　B. 比较充分　C. 一般　D. 不太充分　E. 很不充分
22．您在上学期间为求职付出努力程度是：（　）
A. 非常努力　B. 比较努力　C. 一般　D. 不太努力　E. 很不努力
23．您为了求职付出的努力程度是：（　）
A. 非常努力　B. 比较努力　C. 一般　D. 不太努力　E. 很不努力
24．您在实习期间会为求职付出的努力程度是：（　）
A. 非常努力　B. 比较努力　C. 一般　D. 不太努力　E. 很不努力
25．您在毕业前会为求职付出的努力程度是：（　）
A. 非常努力　B. 比较努力　C. 一般　D. 不太努力　E. 很不努力
26．您将在毕业后的一个月内会为求职付出的努力程度是：（　）
A. 非常努力　B. 比较努力　C. 一般　D. 不太努力　E. 很不努力
27．您将在毕业后的半年内为求职付出的努力程度是：（　）
A. 非常努力　B. 比较努力　C. 一般　D. 不太努力　E. 很不努力
28．您在失去第一份工作后为求职付出的努力程度是：（　）
A. 非常努力　B. 比较努力　C. 一般　D. 不太努力　E. 很不努力
29．您在求职时会认真地写一份自己的简历吗？（　）
A. 非常认真　B. 比较认真　C. 一般　D. 不太认真　E. 很不认真
30．您在求职前会认真了解相关企业的信息吗？（　）
A. 非常认真　B. 比较认真　C. 一般　D. 不太认真　E. 很不认真

附录 15　大学生职业生涯规划团体心理辅导方案

大学生职业生涯规划团体心理辅导方案

课时	主题	目标	主要活动
1	萍水相逢	①成员相互认识、建立团体互动关系 ②使成员了解团体性质、目标并建立团体规范	① 本次团体活动相关情况介绍 ② 说明团体规范、目标 ③ 微笑握手、大风吹、串名字、个性名片 ④ 订立团体契约，给团队起名
2	生涯理论	①介绍相关职业生涯规划理论 ②初步认识生涯规划及重要性 ③引导成员进行自我认知	① 暖身：成长三部曲 ② 职业兴趣理论 ③ MBTI 人格理论 ④ 20 个“我是谁” ⑤ 分享对于职业生规划理想与专业的思考
3	探索自我	①协助成员更进一步的了解自己的气质、性格、职业兴趣 ②通过了解自我来对职业进行了解及思考	① 暖身（同舟共济） ② 乌鸦与乌龟 ③ 霍兰德职业兴趣测评 ④ MBTI 职业性格测试
4	生涯规划	①进一步了解职业，明确职业理想，增强自信 ②协助成员完成自己比较感兴趣的职业探索 ③确定职业目标，规划大学生活	① 暖身（萝卜蹲） ② 头脑风暴：职业成功必备的条件是哪些？自身具备哪些？ ③ 我的职业目标、SWOT 分析法 ④ 时间饼图，设计并分享一个月时间计划
5	笑迎未来	①引导成员进行生涯幻游 ②引导成员回顾前 5 次团体活动，分享团体收获，解决生涯规划中遗留下来的问题 ③整理离别心绪，鼓励成员依循职业生涯规划努力前进	① 暖身（言行不一） ② 生涯幻游 ③ 分享感想 ④ 填写后测调查问卷及团体回馈单等 ⑤ 共唱一首歌结束《相亲相爱一家人》